돈의 역사는
되풀이된다

일러두기
본문 p.136-137에 인용한 《성공 기업의 딜레마》의 내용은 도서 절판으로 사용 허락을 받지 못했습니다. 추후 저작권 사용 허락이 필요할 경우 절차에 따라 허락 받겠습니다.

돈의 흐름을 읽는 눈

돈의 역사는

되풀이된다

홍춘욱 지음

포르*체

제로금리 시대,
투자해야만 살아남을 수 있는 세상이 왔다

2020년 3월 코로나 쇼크 이후 초저금리 시대가 도래하면서 자본시장에 큰 변화가 나타났습니다. 최근 발간된 자본시장연구원(KCMI)의 자료에 따르면, 2020년 한 해 동안 개인투자자들의 주식 거래대금이 무려 8,644조 원에 이른다고 합니다. 이는 우리나라의 1년 국내총생산(GDP), 다시 말해 한 해 동안 국내에서 생산된 모든 재화와 서비스의 가치를 합친 것의 4배 이상 주식 거래가 이루어졌다는 뜻입니다. 주식 매매를 한 계좌의 숫자(활동계좌 수)도 1년 만에 612만 개가 증가해 4,007만 개가 되었다고 합니다.

그러나 이렇게 새로 투자에 뛰어든 사람들의 성과를 살펴보면 그 결과가 좋지는 않은 것 같습니다. 2020년 한 해 동안 증시에 새로 참여한 투자자들의 성과를 분석했더니, 평균적으로 순손실을 기록한 것으로 나타났기 때문입니다. 정확하게 말하면 2020년 3월 말부터 2020년 10월 말까지 5.8%의 수익이 났지만, 매매 수수료 및 세금을 공제했더니 -1.2%의 성과를 기록한 것으로 분석되었습니다. 같은 기간 종합주가지수(KOSPI, 코스피)가 30% 가까이 상승했음을 감안하면 매우 놀라운 결과라 하겠습니다.

왜 이런 결과가 벌어졌을까요? 여러 이유가 있겠지만, 투자를 새로 시작하면서 자신의 투자원칙을 확립하지 못한 이유도 있을 것이고, 지나치게 매매가 잦은 탓도 있을 것입니다. 강세장에는 일단 진득하게 길목을 지키거나, 아니면 시장에서 상승 탄력이 강한 주도주에 집중하는 전략이 필요한데 매매를 자주 하다 보면 이를 지키기가 어렵습니다.

그런데 흥미로운 점은 이런 상황이 2020년에 처음 벌어진 일이 아니라는 것입니다. 지난 2000년 정보통신 거품이 한창이던 때에도 이런 일이 빚어졌습니다. 주식시장이 가파르게 상승하는 가운데 어마어마한 시중 자금이 유입되었지만, 안타깝게도 당시 개인투자자들의 성과는 상당히 부진했습니다. 명지대학교 경영학과 변영훈 교수가 2000년대 초반 주식시장을 분석한 결과에 따르면, 매매회전율이 높은 그룹일수록 마이너스 성과를 기록한 것으로 나타났습니다. 특히 가장 매매가 많았던 사람들의 성과는

제로금리 시대, 투자해야만 살아남을 수 있는 세상이 왔다

연간 -15.36%를 기록했습니다. 이런 경험을 보면 돈의 역사가 계속 반복된다는 것을 알 수 있습니다. 역사적인 투자 붐을 일으킨 요인은 다르지만, 시장에서 나타나는 투자 패턴은 비슷하다는 뜻입니다. 결국 투자 성과를 높이고, 나아가 저금리 환경에서 미래를 개척해 나가기 위해서는 단단한 준비가 필요합니다.

　그렇다면 불확실한 미래에 대비하기 위해서는 어떻게 해야 할까요? 우선, 돈에 대한 기본 지식을 갖춰야 합니다. 이자율이 낮아진다는 것이 어떤 의미를 지니는지, 경기는 왜 끊임없이 순환하는지, 한국 주식시장이 이토록 격렬한 등락을 거듭하는 이유가 무엇인지 등에 대한 지식이 필요합니다. 이러한 지식을 습득하면 투자에 대한 인내심도 길러지고, 나아가 성공 확률이 높은 투자 방법도 체득할 수 있으니 말입니다.

　성공 확률이 높은 투자전략이 어떤 것인지에 대해 궁금한 독자들을 위해 여기서 간략하게 언급하자면, '환율 스위칭' 투자전략을 꼽을 수 있습니다. 보통 때는 달러 자산에 투자하다가, 경제가 어려움을 겪고 자산시장이 크게 흔들릴 때 환차익을 실현해 저가 매수하는 전략입니다. 물론 이를 행동에 옮기는 데에는 몇 가지 지식이 필요합니다. 환율에 대한 기본 지식도 필요하고, 또 어떨 때가 저가 매수의 타이밍인지 판단할 수 있어야 합니다.

　이렇듯 이 책은 개인투자자들이 저금리가 고착화하는 이 시대에 성공적인 투자와 자산 형성을 위해 꼭 알아두어야 할 내용에 초점을 맞춰 다음과 같이 구성했습니다.

먼저, 1장에서는 '돈 공부'가 왜 필요한지에 대해 설명했습니다. 경제적 자유를 얻기 위해서는 어느 정도의 돈이 필요한지, 이 자율이 낮아질 때는 왜 자산 축적이 어려워지는지 등에 대해 다루었습니다.

2장은 2030세대를 위한 '투자 플랜'을 중심으로 살펴보았습니다. 저금리로 인해 종잣돈을 모으기 어려운 세상에서 어떻게 해야 안전하게 돈을 모으고, 또 불릴 수 있을지에 대해 집중하여 투자전략을 설계해보았습니다. 부동산시장의 흐름을 파악하는 방법뿐만 아니라 관련 정보를 자세히 다루었기에 '부린이', 즉 이제막 부동산 투자에 관심을 가진 부동산 초보자들이라면 2장을 먼저 읽어보는 것도 좋습니다.

3장은 한국 주식시장이 왜 격렬한 변동성을 기록하는지에 대해 다루었습니다. '한국 주식시장의 특성'을 설명하는 과정에서 2020년 3월의 주가 폭락과 그 이후의 급등이 어떻게 출현했는지 상세히 설명했습니다. 주식에 관심 있는 사람들이라면 한국 증시에 대한 이해를 바탕으로 조금 더 효과적인 자산배분 전략을 실행하는 데 도움이 될 것이라고 생각합니다.

4장은 한국 경제의 미래에 대해 살펴보았습니다. 여러 방송 매

제로금리 시대, 투자해야만 살아남을 수 있는 세상이 왔다

체에 출연하고, 유튜브 채널을 운영하면서 대중들과 소통하며 근래 더욱 느낄 수 있는 분위기는, 한국 경제가 '장기 불황'의 터널에 들어선 것은 아니냐는 비관론적 시각을 가진 사람이 많다는 것입니다. 그러나 한국의 미래는 그렇게 어둡지 않을 뿐만 아니라, 비관론에 빠져들면 수익을 낼 기회를 맞이하더라도 아예 시도조차 못할 수 있습니다. 저는 한국 경제가 변동성이 큰 만큼 투자 기회도 많다고 생각합니다. 4장에서는 왜 이런 생각을 가지게 되었는지 한국의 경제구조를 중심으로 설명했습니다. 또한 인구 감소가 꼭 자산시장의 불황으로 연결되지 않을 수 있다는 점도 설명했으니 투자를 설계할 때 참고하면 좋을 것 같습니다.

5장에서는 어떨 때 금융시장이 흔들리고, 부동산 가격이 폭락하는지를 집중적으로 다루었습니다. 6장은 주식시장이 붕괴되었을 때 투자하기 적합한 종목을 고르는 방법에 대해 설명했습니다. 뒤이어 7장에서는 주식시장에서 가장 큰 세력이라 할 수 있는 두 가지 학파, 즉 '모멘텀 학파'와 '내재가치 학파'의 투자 철학을 다루었습니다. '나는 어떤 투자 유형이 적합한가'를 고민하는 독자들에게 두 학파의 특징과 차이점, 그리고 비판이 자신만의 투자원칙을 세우는 데 큰 도움이 되리라 생각합니다.

8장에서는 지난 28년 동안의 제 투자 경험을 정리해보았습니다. 무작정 주식투자에 나섰다 큰 손실을 입은 20대, 결혼 후 주택 구입에 성공한 30대의 경험담과, 'FIRE (Financial Independence Retire Early)', 즉 경제적 자유를 얻고 조기 은퇴를 마음먹을 수 있게 해준 40대의 투자 경험을 솔직하게 풀어놓았습니다. 저의 실패담과 성공담이 독자들에게 조금이나마 도움이 되었으면 하는 마음입니다.

그리고 핵심적이지는 않지만 본문의 내용을 좀 더 잘 이해할 수 있도록 관련 지식과 정보를 각 장의 마지막 부분에 'MONEY TALK'라는 구성에 설명해놓았습니다. 즉 본문에서는 최대한 사례 위주로 상세하게 설명했고, 이를 뒷받침하는 이론이나 알아두면 도움이 될 정보들은 MONEY TALK에 표나 그래프 등의 객관적인 자료와 함께 수록했습니다. 이런 정보가 독자 여러분의 투자 행동에서 시행착오를 최소화하고 더 나은 투자 습관을 형성하는 데 도움이 되었으면 좋겠습니다.

끝으로, 원고를 읽고 꼼꼼하게 평해준 사랑하는 아내 주연과 집 안에 밝은 긍정 에너지를 주는 막내 우진, 그리고 툴툴거리면서도 책의 방향성에 대해 솔직한 이야기를 들려준 큰아들 채훈에게 감사의 말을 전합니다. 누구보다 아들 잘되기를 항상 기도하시는 어머니와 허심탄회한 조언을 아끼지 않는 두 여동생에게도 깊은 감사를 드립니다.

2021년 5월 홍춘욱

제로금리 시대, 투자해야만 살아남을 수 있는 세상이 왔다

목차

CHAPTER 3

한국 주식 살까, 말까?

CHAPTER 4

불황의 시대, 최선의 생존 해법

CHAPTER 5
경제위기를 미리 알 수 있는 신호

CHAPTER 6
잃지 않는 투자를 위한 매수 타이밍

CHAPTER 1

돈 벌고 싶다면
돈 공부가 먼저다

가만히 있다가
'벼락거지'가 된 사람들

지난 2020년에 가장 많이 회자된 유행어는 무엇일까요? 여러 유행어가 있겠지만, 저는 그중 '벼락거지'라는 말이 가장 인상적이었습니다. 벼락거지란, 별다른 행동 없이 예전처럼 돈을 보유하고 있었는데, 갑자기 자신이 가난해진 것처럼 느끼게 된 것을 일컫는 말입니다. 자신의 소득이나 자산은 이전과 특별히 달라진 것이 없음에도 상대적 빈곤감에 빠지는 현상을 표현한 말입니다. 우리나라처럼 다른 사람의 평판에 신경을 많이 쓰는 사회에서 자산 격차가 매우 크게 벌어지면 스트레스를 받지 않을 수 없습니다. 특히 요즘 같은 투자 물결에 동참하지 않은 경우 벼락거지가

돈 벌고 싶다면 돈 공부가 먼저다

된 것 같은 박탈감이 더욱 심할 수밖에 없습니다.

저 역시 사회생활을 하면서 이런 기분을 느낀 적이 여러 번 있습니다. 제일 먼저 떠오르는 것은 한 증권업계 선배의 집들이에서 겪었던 일입니다. 2000년대 중반 서울 강남에 막 입주한 선배 집의 규모는 그야말로 으리으리했습니다. 집이 얼마나 큰지 화장실에 갔다가 주방을 못 찾을 정도였습니다. 오랫동안 증권업계에 몸담으면서 부자들을 많이 봐왔지만, 그 선배처럼 부유한 사람은 처음 보았습니다. 당시 선배의 집들이는 제게 큰 자극이 되었습니다. 나도 부자가 되겠다고 마음먹은 것은 물론, 처음으로 부동산에 관심을 가지게 되었으니까요. 하지만 선배 집의 시세를 알고 난 후 절망적인 기분도 들었습니다. 제가 오를 수 없는 너무나 높은 장벽처럼 느껴졌기 때문이지요.

그렇다면 벼락거지 현상이 왜 최근에 갑자기 떠오른 것일까요? 몇몇 이유가 있겠지만, 가장 직접적인 요인은 '초저금리' 현상을 꼽을 수 있습니다. 2020년 봄, 한국은행이 코로나19라는 사상 초유의 전염병 유행(이하 '코로나 쇼크'로 칭함)을 맞닥뜨리며 정책금리를 0.5%까지 내린 이후 시중은행의 예금금리도 모두 1% 아래로 떨어지고 말았습니다. 이런 경우 어떤 일이 벌어질까요? 가장 먼저 발생하는 것은 부동산 가격의 상승입니다.

가령 10억 원에 거래되는 아파트가 있다고 가정해봅시다. 과거

1995년에는 시중금리가 무려 13% 내외였습니다. 1990년대에는 목돈이 생기면 누구나 은행 예금에 넣어두라고 권했습니다. 이때 10억 원의 가치를 지닌 아파트 주인은 연간 약 1억 3,000만 원의 이자소득을 포기한 셈입니다. 왜냐하면 아파트를 매수하는 데 사용한 10억 원을 은행에 예치하거나 혹은 신용등급이 높은 회사채를 매입하는 데 썼다면, 그는 매년 1억 3,000만 원 혹은 그 이상의 이자를 받을 것이기 때문입니다. 이를 경제학에서는 '기회비용'이라고 말합니다. 예금했을 때 얻을 수 있는 이자 수입의 기회를 포기한 대신에, 그는 10억 원의 집을 소유한 것이니까요. 따라서 이자율이 높았던 1990년대 중반 서울의 아파트 가격은 매우 높은 기회비용이 들었다고 볼 수 있습니다. 물론 금리가 떨어질 때는 반대 현상이 작동하게 될 것입니다.

1997년 외환위기 이전 이야기를 조금 더 하자면, 가장 비싼 아파트 중의 하나인 압구정 현대아파트(80평형 기준)는 약 15~16억 원에 거래되었습니다. 그러나 1997년 당시 시중금리가 25%까지 상승하자, 10억 원 선이 붕괴되고 말았습니다. 경기가 급격히 나빠져 자금을 마련하기 위해 급매로 처분하는 사람들이 늘어난 탓도 있지만, 아파트를 보유하기보다 차라리 은행에 예금해 고금리 혜택을 누리는 것이 더 낫다고 생각한 사람들이 늘어난 것도 큰 영향을 미쳤습니다. 주택의 매도 물량은 늘어나는데 사려는 사람이 없으니, 집값이 떨어질 수밖에 없었지요.

이처럼 금리와 부동산 가격의 관계는 반대로 움직입니다. 최근 부동산 가격의 급등 흐름은 공급 부족뿐만 아니라 시장 이자율의 하락이 결정적인 영향을 미쳤다고 볼 수 있습니다. 1995년에 13%이던 시중금리는 현재 1% 아래로 떨어졌습니다. 계산의 편의를 위해 정책금리인 0.5% 수준의 이자를 주는 예금만 있다고 가정한다면, 현재 10억 원에 거래되는 아파트를 보유한 데 따르는 연간 기회비용은 500만 원입니다. 다시 계산해봐도 믿기 어려울 만큼 낮은 비용이 아닐 수 없습니다. 즉 아파트를 보유한 데 따르는 기회비용이 예전보다 훨씬 하락해, 주택 구입의 매력이 높아졌습니다.

요즘 서울 외곽 지역 방 두 개짜리 빌라의 월세가 대략 100~120만 원이라는 것을 감안할 때, 10억 원짜리 아파트를 보유한 데 따르는 연간 기회비용이 훨씬 싸다고 볼 수 있습니다.

수년 전, 직장생활을 그만두면 '건물주'로서의 삶을 설계하겠다는 생각으로 2016~2018년에 인천과 경기도 지역의 빌라를 열심히 보러 다닌 적이 있습니다. 당시 방 두 개짜리 빌라의 월세는 대략 50~80만 원에 형성되어 있었습니다. 이처럼 시중금리가 내려갈 때 기존 월세나 반전세를 살던 사람은 여력이 된다면 주택을 구입하는 것이 더 이익입니다. 물론 주택 매수가 늘어나면, 부동산 가격은 상승할 가능성이 더 높아지겠지요.

즉 금리가 상승할 때는 주택 구입의 기회비용이 상승하며 매수세가 약해지고, 반대로 금리가 하락할 때는 주택 매수세가 높아진다는 것을 기억하면 좋겠습니다.

그들은 왜
주식투자에 뛰어들었나

앞에서는 주택시장 위주로 이야기했는데, 금리가 갑작스럽게 떨어졌을 때 최대의 피해자는 바로 예금에 돈을 넣어두던 사람입니다. 55세 세대주 A씨의 상황을 예로 들어 설명해보겠습니다.

A씨는 자기 명의의 집 한 채를 보유하고 있고, 퇴직금 등으로 모은 5억 원의 예금으로 노후를 꾸려가고 있습니다. 한국 가계의 평균 순자산이 3억 6,000만 원 내외라고 볼 때, 5억 원의 예금은 매우 큰돈입니다. 그러나 지금은 이 돈도 그렇게 큰돈이 아니게 되었습니다. 왜냐하면 연간 수령하는 이자가 약 250만 원에 불과하기 때문입니다. 1990년대 중반만 하더라도 5억 원의 예금을 가

진 사람의 연간 이자 수입은 약 6,500만 원에 달했고, 2008년에 도 약 3,500만 원이었음을 감안하면 A씨는 갑작스럽게 가난해진 셈입니다. 요즘 30평형 아파트 관리비가 월 30만 원 정도인 점을 고려할 때 A씨야말로 벼락거지가 어떤 의미인지 크게 체감이 될 것입니다.

그렇다면 A씨는 앞으로 어떻게 행동해야 할까요? A씨 입장에 서 보면 크게 두 가지 대안을 찾을 수 있습니다. 첫 번째는 일을 다시 시작하는 것입니다. 2021년 현재 최저임금이 시간당 8,720 원(월 182만 2,480원)인데, A씨처럼 자기 집이 있는 사람들의 경우 생계의 어려움을 해결할 수 있습니다. 그러나 한 가지 문제가 있 습니다. 우리는 '코로나 쇼크' 이후의 세상을 살아가야 한다는 점 입니다. 일자리를 잃어버린 사람이 너무 많은 데다, 2030세대도 취업난에 시달리다 보니 나이가 많은 편에 속하는 A씨가 괜찮은 일자리를 얻는 것은 하늘의 별 따기입니다. 결국 남들이 하지 않 으려는 힘든 일자리에 도전해야 하는데, 적성에 맞지 않는 힘든 일을 하다 다치기라도 하면 돈 버는 것보다 병원비가 훨씬 더 나 갈지도 모릅니다.

이러한 상황에서 A씨가 생각할 수 있는 현실적인 대안은 투자 에 나서는 일일 것입니다. 초저금리 기조가 이어지는 것을 고려 할 때, 투자 대상은 결국 주식과 부동산이 될 텐데 부동산은 초기

투자금이 클 뿐만 아니라, A씨처럼 이미 주택을 보유한 경우는 상당히 큰 세금을 내야 한다는 문제가 있습니다. 따라서 A씨의 선택은 주식이 될 가능성이 높습니다. 주식은 위험한 투자 대상인 반면에, 수익률이 높다는 점이 매력 요인으로 작용하겠지요.

주식투자 말고 다가구주택 매입을 고려하는 은퇴자도 많으리라 생각됩니다. 그러나 이 경우는 두 가지의 위험을 무릅써야 합니다. 첫 번째는 세입자들의 월세 지급 능력에 대한 위험입니다. 앞에서 말했듯이 0%대의 초저금리 환경에서는 월세를 꼬박꼬박 내는 것보다 대출 받아 집을 사는 것이 이익이 되는 경우가 많습니다. 그러나 초저금리 상황에도 집을 구입하지 못하는 이유는 현재 모아둔 돈이 적거나, 혹은 미래에 소득 전망이 밝지 않기 때문일 것입니다. 그리고 이런 형편에 놓인 사람들은 월세를 내기도 힘겨운 때가 종종 찾아올 수 있습니다.

두 번째는 감가상각 위험입니다. 감가상각의 개념이 어렵게 느껴질 수 있는데, 자동차를 생각하면 쉽습니다. 예컨대 소나타 자동차를 3,000만 원에 샀더라도, 1년이 지난 후 중고차 시장에서 팔려고 내놓으면 약 2,500만 원을 받을 수 있습니다. 물론 이 금액보다 더 비싸게 팔 수도 있고, 또 싸게 팔 수도 있습니다. 이렇듯 소나타의 가치가 1년 만에 500만 원이 하락한 것처럼, 물건이 낡아가면서 가격이 떨어지는 현상을 '감가상각'이라고 합니다. 유의할 점은 감가상각은 일률적으로 진행되지 않는다는 것입니다. 소나타처럼 베스트셀러 자동차는 중고차 시장에서 인기가 좋으니 감가상각의 속도가 상대적으로 느릴 수 있지만, 반대로 보증기간이 끝난 수입차는 수리비 부담 때문에 감가상각이 빠르게 진행됩니다.

여기서 다가구주택은 무상 보증기간이 끝난 수입 자동차에 비유될 수 있습니다. 왜냐하면 다가구주택의 감가상각 속도가 아파트에 비해 빠르게 진행되기 때문입니다. 아파트는 대략 50년에 걸쳐 천천히 낡아간다면, 다가구주택은 상대적으로 빨리 낡으니 재건축 비용을 미리 준비해 놓아야 합니다(물론 토지 가격이 상승한다면 문제가 없습니다). 1986년부터 KB부동산이 집계한 단독주택의 가격지수 흐름을 살펴보면, 아파트에 비해 단독주택이 상대적으로 탄력이 떨어지는 것을 알 수 있습니다. 예를 들어 서울 지역 단독주택의 1986년 이후 2020년까지의 연평균 상승률은 2.9%에 불과한 반면, 서울 아파트의 연평균 상승률은 6.5%에 이릅니다.

그럼 '아파트보다 다가구주택이 왜 더 빨리 낡을까?' 하는 궁금증이 생길 수 있습니다. 이에 대한 설명은 쉽게 답할 수 있습니다. 자기 집에 사는 사람과 남의 집에 사는 사람은 태도가 전혀 다르기 때문이지요. 자기 집에 사는 사람은 인테리어도 신경 쓰고, 주변 사람들의 눈치도 더 잘 봅니다. 어차피 오랫동안 살 집인데, 조금 더 신경 쓰고 훗날 다른 사람에게 팔 때를 대비해서 투자해두려는 마음을 가지게 됩니다. 그뿐만 아니라 아파트는 수백 또는 수천 가구가 함께 거주하기 때문에 조금만 돈을 모아도 큰돈이 되고, 이 돈을 이용해 잘 관리할 수 있습니다. 반면에 다가구주택은 집주인이 혼자 모든 관리에 신경을 써야 하는데, A씨처럼 나이 든 집주인이 대부분이다 보니 관리하는 데 많은 어려움이 생기곤 합니다.

결론적으로 요즘 같은 초저금리 환경에서 A씨와 같은 은퇴자, 그리고 주택을 구입할 목돈을 모으려는 젊은 세대 모두 주식시장에 뛰어들 가능성이 높습니다. 이제 투자는 선택이 아니라 필수라고 할 수 있겠습니다. 한마디로 투자하지 않고는 자산을 지키기도 힘든 시대가 되었습니다.

경제적 자유,
그 멀고도 험한 길

대체 돈이 얼마나 있어야 불안정한 투자를 하지 않고도 예금 이자소득만으로 여유롭게 살 수 있을까요? 그리고 이런 규모의 돈을 가진 가계는 전체 가운데 얼마나 될까요?

이 궁금증을 풀기 위해서는 먼저 '가계금융복지조사' 통계를 살펴봐야 합니다. 가계금융복지조사는 한국은행과 통계청, 금융감독원이 전국의 2만 표본가구를 대상으로 1년에 한 번 설문조사한 것을 집계한 것입니다. 또한 통계청이 발표하는 '가계동향조사'도 참고하면 좋습니다. 가계동향조사는 1년에 네 번 실시하기 때문에 조금 더 객관적으로 가계 동향을 살필 수 있는 장점이

돈 벌고 싶다면 돈 공부가 먼저다

있습니다. 하지만 이 조사는 소비자물가를 측정하기 위해 가계의 소비 내역을 중점적으로 묻는 차이점이 있습니다. 각 가정이 벌어들인 소득 중 얼마나 소비하고, 또 소비는 어떻게 구성되는지 파악하기 위한 목적으로 시행하는 것이 가계동향조사라고 할 수 있습니다.

따라서 한국 가계의 자산이 어느 정도이고, 각 가계가 자산을 어떻게 운용하고 있는지 파악하기 위해서는 가계금융복지조사를 살펴보는 것이 가장 좋습니다.

'2020년 가계금융복지조사'에 의하면 2019년 연소득을 기준으로 볼 때, 전국의 2만 표본가구 가운데 1억 원 이상의 소득을 올리는 가구는 전체의 15.2%인 것으로 집계되었습니다. 왜 직장인들이 "연봉 1억 원을 받으면 소원이 없겠다"고 이야기하는지 알 수 있는 부분입니다. 그렇지만 우리가 눈여겨봐야 할 것은 소득이 아니라 자산이므로, 다른 부분도 봐야 합니다. 즉 '순자산 분포'를 파악해야 합니다. 여기서 순자산이란 '총자산에서 부채를 뺀 것'을 의미합니다. 예를 들어 45세 세대주 B씨가 10억 원의 아파트를 가지고 있지만 3억 원의 부동산담보대출이 있다면, B씨의 순자산은 7억 원이라고 볼 수 있습니다.

이 조사에 따르면 가계의 순자산 분포는 생각보다 더 불평등한 것을 알 수 있습니다. 더욱이 순자산 10억 원 이상을 보유한 가계는 7.2%에 불과합니다.

문제는 그뿐만이 아닙니다. 전체 가계의 순자산에서 부동산과 같은 실물자산이 차지하는 비중이 80%에 육박한다는 점입니다. 즉 한국 가구 자산 분포에서 부동산이 차지하는 비중이 평균 76%에 이르고, 60세 이상 가구의 부동산 보유 비중은 82%에 이릅니다. 잘 사냐 못 사냐의 여부도 상관없습니다. 소득 상위 20% 가구의 경우 부동산 비중이 76%에 이르며, 소득 하위 20% 가구도 부동산 비중이 78.4%입니다. 순자산이 10억 원 있다고 가정해봐야, 부동산을 제한 순수한 금융자산은 약 2억 원에 불과한 셈입니다.

결국 예금 이자소득으로 생활할 수 있으려면, 순자산 기준으로 '상위 0.1%'는 되어야 가능하다는 말입니다. 이때 한국의 순자산 0.1% 계층이 얼마나 되는 자산을 보유하고 있는지 정확하게 측정하는 것은 불가능합니다. 부자들일수록 자신이 얼마나 자산을 가지고 있는지 공개하기를 꺼리기 때문입니다.

따라서 얼마나 부유한 사람이 많은지 파악하기 위해서는 '세금' 통계 같은 다른 지표를 살펴볼 필요가 있습니다. 특히 세금 중에서 상속세가 재산 상태를 가장 잘 보여주기 때문에, 연구자들은 상속세 통계를 이용해서 0.1%의 순자산 현황을 파악합니다. 현재 이자율이 0.5%이므로 연간 2,500만 원의 이자소득을 받으려면 50억 원의 금융자산이 있어야 합니다. 연간 2,500만 원의 소득을 기준으로 삼은 이유는, 60세 이상 가구의 연평균 소득이 약 2,700만 원이기 때문입니다. 여기에 국민연금과 보유 자산의 점진적인 처분까지 더해지면 평균적인 60세 이상 가구보다 부유하게 생활할 수 있다는 이야기가 됩니다.

그럼 우리나라에서 50억 원 이상을 상속하는 사람은 얼마나 될까요? 2013년 상속세 기준으로 보면 303명에 해당됩니다. 그해 사망한 사람이 26만 명이라는 것을 감안하면, 0.1%만이 자녀들에게 50억 원 이상의 자산을 물려준 셈입니다. 따라서 0.1%의 부자가 아닌 사람은 초저금리 시대에서 어쩔 수 없이 투자의 길을 나설 수밖에 없는 상황이라고 볼 수 있습니다. 물론 이 수치는 개인 기준으로 파악한 자산이라는 한계가 있습니다. 가족 기준으로 살펴보면, 0.1%보다는 더 많은 가정이 이자를 받아 생계를 유지할 수 있으리라 추정됩니다. 그렇더라도 그 수치가 크게 늘어나지는 않을 것으로 보입니다.

그러면 한국 상위 1% 계층은 얼마의 자산을 보유하고 있을까요? 몇억이 있어야 한국 상위 1%가 될까요?

앞에서도 언급했듯이 가계금융복지조사가 몇 가지 맹점이 있다 보니 정확한 자산 분포, 특히 부유층의 자산 소유를 파악하기 위해서는 다른 지표를 함께 살펴봐야 합니다. 대표적인 방법이 부동산 및 주식 관련 세금 납부, 상속세, 그리고 연금 통계를 활용합니다. 최근 발표된 한 논문에 따르면, 한국의 가구주 기준 상위 10% 커트라인 순자산은 8억 8,000만 원이며, 상위 5%는 13억 3,000만 원이라고 합니다. 물론 연구자가 중요하다고 생각되는 요인을 반영해 추계한 것이니 참고자료 정도로 보면 좋을 것 같습니다.

이러한 자료를 종합적으로 고려할 때 상위 1% 가구주가 되려면 최소 30억 9,000만 원, 상위 0.5%가 되려면 43억 9,000만 원, 그리고 상위 0.1%가 되려면 158억 1,000만 원이 있어야 한답니다. 최근 서울의 아파트 평균가격이 10억 원을 넘어서는데, 이를 빚 없이 가지고 있다면 적어도 상위 10% 안에 포함된다고 볼 수 있습니다.

그런데 상위 10%조차도 은퇴 이후의 삶에 대해 자신하지 못하는 저금리 상황이 참으로 무섭습니다. 최근 조기 은퇴를 꿈꾸는 2030세대를 다룬 기사에 따르면, 이른바 '파이어족(여기서 FIRE는 Financial Independence Retire Early의 약자로, 재정적 독립을 이뤄 조기 은퇴한다는 의미임)'은 18억 정도의 돈을 모은 후에 회사를 퇴직할 계획을 가지고 있는 것으로 나타났습니다. 덧붙인다면, 이 정도의 자금으로 은퇴한 후에 어떻게 운용할지에 대한 고민도 함께 필요하지 않을까 생각합니다(8장 홍쌤의 재테크 분투기 중 40대, 50대 내용 참조).

가구주 기준 자산 분포 커트라인

(단위: 100만 원)

	금융 자산	연금 보험	주택	사업용 자산	순자산
p10	-57.6	-	3.0	-	13.2
p20	-24.7	4.9	20.0	-	43.6
p30	-9.2	11.2	47.0	-	84.7
p40	-1.0	19.7	75.1	-	136.1
p50	3.6	30.9	112.7	-	198.8
p60	7.5	45.1	159.7	-	273.2
p70	13.9	65.0	216.0	1.6	377.8
p80	32.1	97.3	297.9	60.0	541.3
p90	88.4	157.2	459.1	239.0	875.0
p95	182.4	225.5	657.5	568.0	1,329.1
p99	827.8	431.0	1,350.8	1,750.9	3,092.9
p99.5	1,303.0	533.8	1,620.1	2,519.0	4,388.6
p99.9	7,769.1	778.4	2,504.6	6,002.9	15,807.9

출처: 김낙년, "우리나라 개인 자산 분포의 추정", 경제사학, 제43권 제3호, 2019년
주: p10은 자산의 규모별로 개인 및 가구주를 정렬했을 때 가장 적은 10%에 속하는 사람을 의미함. 그리고 p99는 상위 1%, p99.9는 상위 0.1%에 속하는 사람을 의미함.

부자가 되고 싶다면
당장 생각부터 바꿔라

"부자가 되면 무엇이 좋을까요?"

"돈이 많으면 행복할까요?"

강의할 때면 이런 질문을 자주 받습니다. 저희 큰아들 역시 종종 이런 질문을 합니다. 직설적인 표현일 수 있지만, 이에 대한 저의 답변은 다음과 같이 명확합니다.

"부유해지면 어려운 일을 다른 사람에게 맡기고 기댈 수 있습니다."

다른 사람의 도움을 받고 적정한 대가를 치름으로써 다른 가치나, 더 큰 가치를 얻을 수 있다는 뜻입니다. 가까운 예로 집안일을 들어 보겠습니다. 집안일은 결혼한 사람이나 혼자 사는 사람에게나 예외가 없습니다. 무조건 해야 하는 일입니다. 제 경우 20대 초반부터 10년 넘게 자취를 했었는데 당시 가장 큰 고충은 청소와 빨래였습니다. 주중에는 회사 일이나 회식 등으로 집에 늦게 들어오니, 집안일은 주말밖에 할 시간이 없습니다. 그러나 주말에는 지인과 약속도 생기고, 연애도 해야 하고, 또 친구들 결혼식도 가야 합니다. 결국 매주 일요일 저녁은 가사노동을 하는 시간이 되었습니다. 안 그래도 월요병 때문에 힘든데, 쌓여 있는 와이셔츠를 빨아서 방 곳곳에 널고 선풍기를 돌려 말리느라 쉬지도 못하고 힘들었던 기억이 지금도 선명합니다.

또 다른 어려운 일로는 아이들 공부 가르치기를 꼽을 수 있습니다. 자녀에게 수학이나 영어를 직접 가르쳐본 경험이 있는 분들은 쉽게 공감할 것입니다. 자신과 가까운 관계인 사람에게 무엇인가를 가르치는 일은 매우 힘든 정신노동입니다. 당사자를 잘 알고 있다 보니 객관적으로 바라보기 어렵기 때문이지요. 한마디로 아이가 수학 문제를 잘 못 풀면 이것이 마치 내 일처럼 느껴지는 것입니다. 특히 가족 간에는 친밀하다는 이유로 말을 거침없이 내뱉을 수 있기에, 가르침을 주는 과정에서 아이가 상처를 받는 일이 빚어질 수 있습니다.

그럼 이런 문제를 어떻게 해결해야 할까요? 답은 간단합니다.

전문가에게 맡기면 됩니다. 집안일에 도움이 필요하면 가사 도우미에게 의뢰하고, 빨래는 세탁 전문점에 맡기면 됩니다. 자녀에게 직접 수학이나 영어를 가르치기보다는 방과 후 수업이나 학원을 통해 전문가의 도움을 받는 것이 훨씬 효율적입니다.

물론 적지 않은 사람들이 이런 해법에 불편한 마음을 느낄 수 있습니다. 당장 먹고사는 것도 빠듯한데 어떻게 전문가에게 일일이 맡길 수 있느냐고 할 수도 있습니다. 그러나 저는 모든 일을 자신의 관리하에 직접 해야 한다는 사고방식에서 벗어날 필요가 있다고 생각합니다.

지난 시즌 MVP를 받은 농구선수 르브론 제임스(Lebron James)를 예로 들어 설명해보겠습니다. 그는 세계에서 농구를 제일 잘하는 사람 중에 한 명이고, 그에 걸맞게 연봉도 엄청 높습니다. 여기서는 그가 시간당 2만 달러를 벌고, 또 키도 크고 힘도 세기에 정원을 가꾸는 일도 매우 잘한다고 가정해보겠습니다. 즉 르브론 제임스는 농구는 세계 최고 수준이고, 탁월한 정원사이기도 한 것이지요. 그런데 그가 힘들게 운동을 마치고 집에 돌아와서 (정원사를 고용하지 않고) 직접 정원을 가꾸는 것이 정말 적절한 행동일까요? 제 생각에는 시간당 20달러를 지불하고 정원사를 고용해 멋진 정원을 가꾸고, 그 대신에 자신은 여가도 즐기며 농구 실력을 더 가다듬기 위해 단련할 수 있는 일을 시도하는 편이 낫지 않을까 싶습니다. 몸 관리를 잘해서 은퇴 시기를 1년 늦추기만 해도, 그의 생애소득은 수천만 달러 이상 늘어날 테니 말입니다.

저는 사람들이 인생에서 부딪히는 불편이나 불만을 돈으로 완화하는 것에 죄책감을 갖지 않았으면 합니다. 인간의 시간은 한계가 있고, 개인이 물리적 노동으로 벌 수 있는 임금도 한계가 있기 때문이지요. 그렇기에 열심히 돈을 버는 것에만 신경 쓰지 말고, 자산을 잘 굴리는 데에도 신경 써야 합니다. 즉 '돈이 돈을 버는' 시스템을 만들어야 한다는 뜻입니다. 무작정 "좋은 테마주 없어?" 같은 질문을 지인들에게 던지기보다, 어떻게 돈을 벌어들이는 시스템을 만들 수 있는지 문의하는 방향으로 바뀌었으면 합니다. 황금알을 찾으러 숲을 헤매기보다 '황금알을 낳는 거위를 키우는' 농장주가 되는 방향으로 생각해보면 어떨까요?

돈과 행복에 관한
불편한 진실

돈과 행복의 관계에 대해 이야기할 때 다음과 같은 질문을 하는 사람들이 꽤 있습니다.

"돈이 아무리 많아도 일정 수준을 넘어서면 더 이상 행복하지 않다는데, 정말 그런가요?"

미국의 경제학자 리처드 이스털린(Richard Easterlin)이 주장한 이야기지요. '이스털린의 역설'이라고 불리는 그의 이론을 간단하게 소개하면, 소득이 일정 수준을 넘어서는 순간 행복감이 더 이상 높아지지 않는다는 것입니다. 상당히 그럴듯한 이야기입니다. 그러나 이 주장에 대해서는 여러 측면에서 반론이 제기되고 있습니다('이스털린의 역설'에 대한 구체적인 내용은 1장의 MONEY TALK 참조).

이스털린의 역설에 대한 반론을 이야기할 때 거론되는 대표적인 예는 바로 '이혼'입니다. 우리가 세상을 살아가면서 겪는 가장 괴로운 일은 무엇일까요? 여러 가지가 있겠지만, 저는 28년 전 아버님이 돌아가실 때가 제일 괴로웠습니다. 한편 일부 학자들은 부모님을 여의는 고통에 비교될 정도로 이혼이 괴로운 일이라고 말합니다. 그 이유는 자녀에게 큰 상처를 줄 수 있는 데다, 무엇보다 자신이 과거에 했던 잘못된 선택을 끊임없이 기억 깊은 곳에서 꺼내 되새김질하기 때문입니다. 실제 이혼한 사람들 중 적지 않은 사람들이 우울증에 시달리고, 정신과 상담을 받기도 한다고 합니다.

그런데 최근 혼인·이혼 통계에 따르면, 다음과 같은 흥미로운 특징이 발견됩니다. 첫 번째 특징은 '초혼 연령'의 상승입니다. 여성의 나이를 기준으로 볼 때 과거에 비해 첫 번째 결혼(초혼) 연령이 지속적으로 상승하고 있습니다. 우리나라의 경우 1990년에 여성의 평균 초혼 연령은 24.8세였지만, 2020년에는 30.8세에 이릅니다(통계청 2020년). 이런 추세는 미국 등 선진국도 마찬가지입니다. 그런데 이 같은 초혼 연령의 상승은 결혼의 안정성에 긍정적인 영향을 끼쳤다고 합니다. 미국 기준으로 25살 이전에 결혼한 커플과 이후에 결혼한 커플의 이혼율에 결정적인 차이가 발생했다는 것입니다. 아마도 25살 이후쯤 되면 남녀 모두 자신이 추구하는 목표나 공통의 관심사에 대해 생각이 더 분명해짐에 따라 자신과 잘 맞는 배우자를 선택할 수 있기 때문일 것입니다. 그리고 연애 기간이 길어지며 유대감이 약한 커플이 결혼에 이르지 못하는 것도 이혼율의 차이를 만드는 요인이라고 볼 수 있을 것입니다. 결혼제도 자체도 까다롭고 고리타분해서 유대관계가 약한 커플은 아예 결혼하지 못하도록 하는 일종의 '장애물' 역할을 합니다.

이혼에 나타나는 두 번째 특징은 '소득'의 영향력입니다. 정확하게는 학력이라고 말할 수 있습니다. 불편한 진실일 수 있겠으나, 학력과 소득은 대단히 밀접한 상관관계가 있습니다. 한마디로 가방끈이 길수록 연봉이 올라가고 재직 기간도 길어지는 경향이 있기 때문입니다. 그런 이유로 학력 수준이 높은 커플은 소득도 높고, 당연하게 초혼 연령도 늦습니다. 이혼율을 떨어뜨리는 첫 번째 요인과 학력이 밀접한 연관이 있는 셈입니다. 왜 이런 일이 나타날까요? 생각하건대 결혼을 늦게 한다는 점을 제쳐 놓고라도, 고학력자들은 이혼에 따른 기회비용을 잘 알기 때문일 것입니다. 저는 가끔 이런 상상을 합니다. '내 인생을 치명적으로 악화시킬 가장 직접적인 위험은 어떤 것이 있을까?' 하고 말입니다. 제일 큰 위험은 위태로운 질병에 걸리는 것이겠지만, 이 문제를 제외하면 이혼의 위험이 가장 크다고 느껴졌습니다. 고학력자는 대개 실직을 당할 위험이 적고, 결혼생활에서 부부가 경제적 문제로 인한 스트레스를 비교적 덜 받기에 이 같은 소득의 영향력이 이혼을 방지하는 결정적 요인이 된다고 볼 수 있습니다.

노동연구원이 발표한 '문화적 차이가 이혼에 미치는 영향' 보고서에 따르면(2014년), 남편의 근로소득이 증가할수록 이혼의 위험이 낮아졌다고 합니다. 부부 총 4,004쌍을 대상으로 조사한 결과, 남편의 소득이 전혀 없을 때와 비교해 월소득이 300만 원인 경우 이혼 위험은 3분의 1로 떨어졌고, 남편의 소득이 1,000만 원에 이르면 이혼의 위험은 거의 0으로 떨어졌다고 합니다. 즉 결혼은 시간을 두고 신중하게 결정해야 하며, 높은 소득(또는 교육) 수준은 안정적인 결혼생활을 유지하는 데 도움이 된다는 것입니다.

이와 같은 조사에서 알 수 있는 것은 행복감을 높이는 부정할 수 없는 대표적인 요인이 '소득 수준의 상승'이라는 것입니다. 소득 수준이 높으면 돈 때문에 갈등을 빚을 일이 많지 않고, 또 힘든 일을 전문가와 같은 다른 사람에게 맡길 수 있기 때문입니다.

그러나 사람들 저마다의 형편이 다르고, 인생은 그리 녹록지 않습니다. 우리는 각자의 자리에서 행복감을 높일 수 있어야 합니다. 그럼 돈이 부족하고 사정이 어려울 경우 어떻게 행복감을 높일 수 있을까요? 우선, 남과 자신을 비교하지 않아야 합니다. 우리나라는 집단주의적인 문화가 강하기 때문에 남을 의식하지 않기란 쉽지 않습니다. 그럴 때는 비교당하는 일을 피해도 괜찮습니다. 명절에 불편한 친척을 피하는 것도 한 방법이고, 또 막말하거나 비꼬기 좋아하는 이상한 선배가 있는 동문회는 안 나가는 것도 좋은 선택입니다. 한국 사회는 관심을 가장한 오지랖으로 개인의 삶을 마치 공공재 취급하며 그 삶에 어떤 지분이 있는 양 숟가락을 얹고 쉽게 말하는 일이 너무나 많지요. 저는 대학에 진학한 후 동문회를 단 두 번밖에 가지 않았습니다. 서울로 유학 온 지방 학생이 동문회를 안 나간다는 것은 사회생활 측면에서 보면 별로 좋은 선택이 아닙니다. 하지만 동문회를 안 나간 후부터는 개인적으로 더 행복했습니다. 동문회 자리에서 듣기 싫은 소리를 감내하고, 술을 억지로 마시고 괴로워하는 것보다는 더 나은 선택이었습니다. 살다 보면 피하는 것이 상책인 경우도 있습니다.

사람들이 이 글을 읽고 '홍 박사가 회사를 자주 옮겨 다닌 데에는 이유가 있군'이라고 생각할 수도 있을 것 같습니다. 이런 지적은 사실이기도 합니다. 저는 28년에 걸친 사회생활 동안 회사를 10번 이상 옮겼고, 계약 해지 통보 같은 불쾌한 경험도 겪어보았기 때문입니다. 그러나 제가 한 선택을 후회하지는 않습니다. 왜냐하면 어떤 회사는 죽기보다 더 다니기 싫었기 때문입니다. 그런 회사를 참고 다니다가 큰 병을 얻은 적도 있습니다. 저는 갑질과 꼰대짓 하는 사람들로 가득 찬 직장에서 매일매일 악착같이 버티기보다는, 돈을 좀 적게 받고 규모가 작더라도 몸이 고된 직장을 다니는 게 더 낫다고 생각했습니다. 그런 조직 문화가 팽배한 회사의 미래가 밝기는 어렵기 때문입니다. 실제로 권력을 가진 사람들이 자신의 힘에 도취되고, 나아가 다른 사람과의 공감 능력이 떨어질 때 조직 문화가 파괴된다는 연구는 쉽게 찾아볼 수 있습니다.

행복감을 높이는 또 다른 방법은, "행복의 강도보다는 빈도를 높이라"는 것입니다. 큰 성공이나 성취를 좇기보다는 자신이 좋아하는 경험을 자주 하라는 뜻입니다. 좋아하는 사람과 함께 맛있는 식사를 하면서 공통의 관심사에 대해 이야기하는 기회를 종종 만들거나, 자신의 흥밋거리를 찾아 즐겨보는 것입니다. 그러나 이런 일이 쉽지 않은 사람들도 있습니다. 특히 밖에 나가는 행위 자체를 별로 좋아하지 않는 내향적인 사람에게는 더욱 그렇습니다(저 역시 외향적이기보다는 내향적인 성향에 더 가깝습니다). 심리학자들에 따르면, 밖에서 사람 만나는 것을 싫어하는 사람들이 상대적으로 행복감을 느끼기가 어렵다고 합니다. 유전적으로 외향적인 사람들이 행복감을 더 잘 느끼는 경향이 있다고 합니다. 하지만 행복의 가치는 외향적인 것으로 기준 삼을 수는 없습니다. 물론 타고난 성격은 바꿀 수 없지만 인간은 의도적인 행동으로 변화될 수 있습니다. 학자마다 정도의 차이는 있지만, 의도적인 노력이 행복감에 미치는 영향은 유전적인 요인 다음으로 크다고 합니다. 따라서 자신이 무엇을 좋아하고 싫어하는지 돌아본 후, 행복의 빈도를 높일 수 있는 자신만의 의도적인 노력을 하나씩 시도해본다면 행복감을 높일 수 있을 것입니다. 제 경우처럼 꼰대짓을 일삼거나 무례한 사람을 만나기 쉬운 환경을 의도적으로 피하는 것도 좋은 방법일 수 있습니다. 그리고 친밀감을 느끼는 사람들과 자주 만남을 가지는 것입니다.

또한 앞에서 강조했듯이 재정적인 능력은 행복감을 높이고 삶에 안정을 부여하는 결정적 요인이라는 점을 염두에 둘 필요가 있습니다. 지금 경제적으로 어렵더라도 돈이나 투자 공부를 하는 것이 나와 상관없다고 생각해서는 안 됩니다. 제가 만난 투자 고수들을 생각해보면 그들도 대부분 처음부터 투자에 뛰어난 사람들은 아니었습니다. 자기가 좋아하는 일에 의도적인 노력을 기울이고, 돈 버는 것에 신중하고 즐길 줄 아는 사람들이었습니다.

율곡 이이(李珥)는 인생에 세 가지 불행이 있다고 합니다. 첫 번째는 '소년등과(少年登科)'로, 어린 시절 너무 큰 성공을 거두는 일입니다. 앞으로 살아갈 날이 많은데, 젊은 날의 성공에 도취되어 발전이 멈추거나 혹은 오만해지면 많은 난관이 따른다는 뜻입니다. 흔히 벼락부자들이 더 쉽게 몰락하는 것이 소년등과의 전형적인 사례라고 볼 수 있겠지요. 따라서 자산을 불리는 것에만 신경 쓰지 말고, 주변에 좋은 사람을 가까이하는 데에도 신경 써야 합니다. 율곡 이이가 말한 두 번째 불행은 '중년상처(中年喪妻)'입니다. 가정을 꾸리며 오순도순 살아가는 도중 배우자가 사망하는 것은 이루 말할 수 없는 상실감을 줄 것입니다. 앞에서 '주변에 좋은 사람을 가까이하라'고 이야기했는데, 실제 부부만큼 가까운 사이가 없으니 그 고통은 더욱 클 것입니다. 세 번째 불행은 '노년고독(老年孤獨)'입니다. 나이가 들면서 점점 더 외로워지는 것을 말합니다. 최근 어떤 모임이든 나갈 때마다 '입은 닫고 지갑은 열라'는 원칙을 되새깁니다. 어찌 보면 다른 사람의 이야기를 잘 경청하고 계산은 내가 하는 것이야말로 모임을 오랫동안 유지하고 지인과 친하게 지내는 길이 될 수 있지 않을까요? 저도 이 원칙을 지키기가 쉽지는 않습니다. 앞으로 더 많은 수양이 필요할 것 같습니다. 이 책을 쓰는 동안에 다시 한번 반성할 기회를 가지게 되어 다행이라는 생각이 듭니다.

MONEY TALK

평균의 오류:
10명이 있는 술집에
워런 버핏이 들어오면?

    2020년 가계금융복지조사 결과에 따르면, 우리나라 가계의 평균 순자산은 3억 6,000만 원인 것으로 파악되었습니다. 그런데 다음 구간별 가구 분포표 (46쪽 표 참조)를 보면 중앙값(median)이 2억 원인 것을 알 수 있습니다. 이런 결과가 나타나는 이유는 대개 거액 자산가들 때문입니다.

    예를 들어 어느 술집에 10명이 모여 있다고 가정해봅시다. 이 사람들은 같은 회사에 다니고 있고 30대의 사원들입니다. 개인마다 차이가 있겠지만, 이들의 평균 순자산이나 중앙값 순자산은 비슷해 대략 2억 원의 자산을 보유하고 있다고 해봅시다. 그런데 이 술집에 갑자기 워런 버핏(Warren Buffett)이 나타난다면 어떻게 될까요? 아마도 '평균 순자산'은 수천억 원, 아니 10조 원 가까이 뛰어오를 것입니다. 워런 버핏은 2020년 기준으로 825억 달러의 순자산을 가지고 있으니, 원화로 약 92조 원에 달하는 어마어마한 돈입니다. 그러나 버핏을 포함한 11명 중에서 여섯 번째로 부유한 사람의 소득, 즉 '중앙값 순자산'은 2억 원 내외로 큰 차이가 없을 것입니다.

따라서 불평등이 심한 세상에서는 평균 순자산보다는 중앙값 순자산이 더욱 중요한 의미를 나타낸다고 할 수 있습니다. 평균과 중앙값이 비슷할수록 평등하다고 볼 수 있는 것이지요. 최근 1년 사이에 한국 가계 순자산의 평균과 중앙값의 격차가 크게 벌어진 것을 고려할 때, 우리나라의 자산 불평등이 심화되었다고 볼 수 있습니다.

가구당 순자산 보유액 구간별 가구 분포

(단위: %, %p)

순자산(억 원)	가구 분포		
	2019년	2020년	전년 차(비)
-1 미만	0.2	0.3	0.1
-1~0 미만	2.8	3.1	0.3
0~1 미만	29.1	28.8	-0.3
1~2 미만	17.8	17.4	-0.4
2~3 미만	13.3	12.7	-0.7
3~4 미만	9.3	9.3	-0.1
4~5 미만	6.4	6.7	0.3
5~6 미만	4.7	4.8	0.2
6~7 미만	3.7	3.4	-0.3
7~8 미만	2.4	2.7	0.3
8~9 미만	1.9	2.1	0.1
9~10 미만	1.5	1.6	0.1
10 이상	6.8	7.2	0.4
평균(만 원)	35,281	36,287	2.9
중앙값(만 원)	20,050	20,218	0.8

출처: 통계청, 한국은행, 금융감독원, '2020년 가계금융복지조사' 결과, 2020년 12월

MONEY TALK

'이스털린의 역설'은
사실일까?

리처드 이스털린은 소득의 증가가 행복의 척도를 결정한다는 기존 경제학의 신념에 근본적인 의문을 제기했습니다. 그는 '소득이 일정 수준을 넘어 기본 욕구가 충족되면, 소득이 증가해도 행복은 더 이상 증가하지 않는다'는 이론을 발표했습니다(1974년). 그런데 최근 이스털린의 역설에 대해 이견이 제기되고 있습니다. 다음의 그래프(48쪽 그림 참조)를 보면 가로축은 '각국의 1인당 GDP(국내총생산)'를 나타내며, 왼쪽 세로축은 '0에서 10점까지의 척도로 측정된 삶에 대한 만족도'를 보여줍니다. 그리고 오른쪽 세로축은 '삶에 대한 만족도를 표준 정규분포로 전환한 것'입니다. 여기서 표준 정규분포란 0을 평균으로 하며 +1~-1 사이에 약 95%의 수치가 포함되는 분포를 뜻합니다.

155개 국가를 대상으로 실시한 삶에 대한 만족도와 1인당 GDP를 비교 분석한 이 그래프는 이스털린의 역설이 성립하지 않는다는 것을 보여줍니다. 즉 소득(1인당 GDP)이 높으면 삶의 만족도도 높다는 것을 알 수 있습니다. 물론 이 그래프는 국가 간의 단순 비교를 나타낸 것이기는 합니다.

하지만 또 다른 그래프를 분석해봐도 결과는 다르지 않습니다. 49쪽의 그래프는 세계 25개 국가의 연간 가구 소득과 만족도의 변화를 추적 조사하여 나타낸 것입니다. 역시 소득이 지속적으로 증가하면 만족도도 높아지는 것을 확인할 수 있습니다. 국가별로 편차는 있습니다. 이를테면 멕시코나 브라질 등의 나라는 소득 수준에 비해 행복감이 높은 편입니다. 반면에 한국은 소득 수준이 같더라도 삶의 만족도 수준이 브라질이나 멕시코에 비해 낮습니다. 그러나 소득

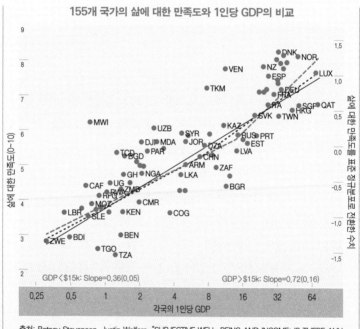

155개 국가의 삶에 대한 만족도와 1인당 GDP의 비교

출처: Betsey Stevenson, Justin Wolfers, "SUBJECTIVE WELL-BEING AND INCOME: IS THERE ANY EVIDENCE OF SATIATION?", NBER Working Paper 18992, 2013, https://www.nber.org/papers/w18992

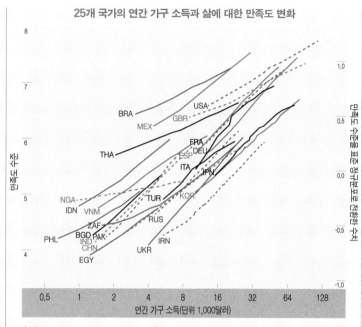

25개 국가의 연간 가구 소득과 삶에 대한 만족도 변화

출처: Betsey Stevenson, Justin Wolfers, "SUBJECTIVE WELL-BEING AND INCOME: IS THERE ANY EVIDENCE OF SATIATION?", NBER Working Paper 18992, 2013, https://www.nber.org/papers/w18992

수준이 증가함에 따라 한국 사람들의 주관적인 만족도도 꾸준히 상승하는 것을 볼 수 있습니다.

소득의 증가가 행복을 결정짓는 가장 중요한 요소는 아닐 수 있겠지만, 소득이 높아지면 삶의 만족도와 행복감이 높아지는 매우 유의미한 요소임은 여러 조사를 통해 확인할 수 있습니다. 즉 소득이 지속적으로 증가해도 행복과 소득의 관계가 뚜렷하지 않다거나, 행복감이 더 이상 증가하지 않는다고 단언하기는 어렵습니다.

돈 벌고 싶다면 돈 공부가 먼저다

CHAPTER 2

투자의 시대,
돈 좀 굴려봅시다

30살로 돌아간다면
경매 공부를 할 거라고요?

1장에서는 저금리가 얼마나 사회에 큰 영향을 미치고, 또한 소득 수준이 행복에 상당히 결정적인 영향을 미치는 유의미한 요인 중 하나라는 것을 살펴보았습니다. 그렇다면 이런 초저금리 시대에 어떻게 재정적인 여력을 키울 수 있을까요? 특히 저성장 기조가 계속되는 상황에서 2030세대는 어떻게 행동해야 할까요?

제가 만일 30살의 나이로 돌아갈 수 있다면, 가장 먼저 '부동산 경매' 공부를 했을 것입니다. 그렇다고 지금 경매시장에 바로 뛰어들라는 이야기는 아닙니다. 왜냐하면 지난 2020년에 경매시장이 대단히 뜨거웠기 때문입니다. 당시 전세난까지 겹쳐 경매로 주택을 구입하려는 사람이 몰리면서 매물은 줄어드는 반면, 투자자들의 관심은 아주 높다 보니 2020년 10월 서울 지역 아파트 낙찰가율은 월별 기준으로 역대 최고치인 111.8%를 기록했습니다. 낙찰가율이란, 감정평가가격 대비 낙찰가격을 의미합니다. 예를 들어 감정평가가격이 1억 원인 빌라를 경매를 통해 8,000만 원에 낙찰 받았다면 낙찰가율은 80%가 됩니다. 여기서 감정평가가격은 감정평가사들이 부동산이나 기타 재산에 대해 평가한 금액을 뜻합니다. 감정평가사가 제출한 '감정평가서'가 법원에서 법적 증거로 활용되는 것입니다. 만약 어느 부동산의 평가액이 100억 원이었는데, 실제 시장가치는 30억 원이어서 이 부동산을 담보로 잡고 50억 원을 대출해준 은행이 20억 원의 손실을 보았다면, 20억 원이 손해배상책임 금액이 되므로 감정평가에 신중해야 합니다.

다시 '서울 아파트 낙찰가율 111.8%'에 대해 이야기해보겠습니다. 이는 감정평가사가 10억 원이라고 평가한 서울 아파트를 11억 8,000만 원에 낙찰 받았다는 뜻입니다. 즉 경매시장이 뜨겁게 달아올랐다는 것을 알 수 있습니다. 이처럼 감정평가가격보다 더 비싼 값에 경매 낙찰을 받는 일이 벌어지는 이유는 두 가지 때문입니다. 첫 번째는 매물 부족입니다. 자기가 사고 싶은 아파트가 있어도 '팔겠다'는 사람이 나와야 물건을 살 수 있는 법입니다. 즉 경매시장을 통해서라도 얼른 주택을 구입하려는 사람들이 생길 수 있다는 것입니다. 100%가 넘는 낙찰가액을 기록하는 두 번째 이유는 감정평가와 경매 진행 중에 아파트 가격이 급등했기 때문입니다. 예를 들어 10억 원으로 감정평가한 아파트 가격이 최근 12억 원에 거래되었다면, 각종 비용을 감안하더라도 11억 8,000만 원에 낙찰 받는 것이 더 이익이 될 수 있겠지요.

어떤 사람들은 이렇게 경매시장이 뜨거운데, 지금 경매를 공부해야 하냐고 묻습니다. 결론부터 말하자면, 경매 공부는 2030세대에게 필수라고 생각합니다. 왜냐하면 경매 낙찰가율은 1년에도 수차례 널뛰기 때문입니다. 가장 대표적인 시기가 2019년 초였습니다. 당시 세계경제는 미·중 무역분쟁 여파로 큰 어려움을 겪고 있었고, 한국은행이 정책금리를 1.75%까지 인상한 때였습니다. 부동산 가격의 방향을 좌우하는 세 가지 요소 중에 두 가지가 부정적인 방향으로 움직인 셈입니다(부동산 가격의 방향을 결정짓는 세 가지 요소는 다음 절에서 자세히 다루겠습니다). 이 여파로 경매시장은 빙하기를 맞았습니다. 특히 서울 아파트, 그중에서도 강남권의 아파트 낙찰가율이 급락했습니다. 2019년 3월에는 이 지역의 아파트 낙찰가율이 66.7%를 기록했습니다. 당시 서초구에 있는 특정 아파트의 경매 물건 10여 건이 50%대에 낙찰되는 등 일시적인 충격 요인이 있었던 것도 아파트 낙찰가율 급락에 영향을 미쳤을 것입니다. 그러나 서울 아파트 전체를 놓고 보더라도, 같은 시기 서울 아파트 경매 낙찰가율이 약 82%까지 떨어진 것은 대단히 놀라운 일입니다.

왜냐하면 2019년 3월 서울 아파트의 매매가격 대비 전세비율이 59.4%였기 때문입니다. 즉 실거래가격 기준으로 10억 원에 거래되는 아파트의 감정평가액이 9억 원으로 책정되었고, 이 아파트가 7억 4,000만 원에 낙찰(낙찰가율 82%)되었다고 가정해볼 수 있습니다. 실거래가격에 비해 감정평가액은 보수적으로 평가되는 것이 일반적이라는 점을 기억하면 좋습니다. 그리고 서울 아파트의 평균적인 전세비율을 적용하면, 이 아파트의 전세가격은 6억 원으로 예상해볼 수 있습니다. 따라서 얼추 계산해보면, 7억 4,000만 원에 이 아파트를 낙찰 받은 사람은 6억 원에 전세를 주면 되므로, 명도 비용 등을 감안하더라도 1억 5,000만 원 정도만 있으면 시세 10억 원 가치의 아파트 소유주가 될 수 있는 셈입니다.

물론 낙찰 받은 다음 전세를 주기까지 여러 난관이 있을 수 있습니다. 이를테면 낙찰 받은 주택에 살고 있던 세입자(또는 전 집주인)가 나가기까지 시간과 비용이 소요될 수 있으며, 전세를 주기 위해 인테리어 비용이 발생할 수 있습니다. 이 때문에 경매를 낙찰 받은 사람들은 낙찰가의 최대 80%에 이르는 돈을 대출해주는 경락잔금대출을 많이 이용합니다.

이와 같은 설명에서 짐작할 수 있듯이, 경매는 쉬운 일이 아닙니다. 명도 비용, 권리 분석 등이 제대로 이뤄지지 않으면 실질적으로 손실을 보는 경우도 허다합니다. 따라서 경매는 철저한 준비 작업이 필요합니다.

이런 어려움에도 불구하고 경매 공부를 해야 하는 이유는 부동산시장이 '깜깜이' 시장에서 점점 투명한 시장으로 바뀌고 있기 때문입니다. 예전에 토지나 집을 사기 위해서는 각 지역의 부동산을 일일이 찾아다녀야 했고, 심지어 미장원 등을 방문해서 동네 정보를 취합하려는 노력도 필요했습니다. 그럼에도 불구하고 투자는 대단히 어려웠습니다. "호재가 터진다는 말을 듣고 토지를 샀는데, 수십 년이 지나도록 감감무소식"이라는 투자 실패담을 들은 적이 있을 것입니다. 그만큼 부동산시장은 정보 격차가 큽니다. 그런데 적어도 아파트시장에서는 이 정보 격차가 점점 좁혀지고 있습니다.

예를 들어 '호갱노노'와 '부동산 리치고' 등 다양한 부동산 관련 애플리케이션이 출시되면서, 이제 실시간으로 주택 가격의 변동을 파악하는 것은 물론, 각 지역의 호재까지 한눈에 파악할 수 있는 세상이 되었습니다. 게다가 각 지역의 투자점수를 다양한 척도로 평가해 제공하는 서비스까지 나왔습니다. 따라서 경매에 괜찮은 물건이 나왔다고 생각될 때 '마진'이 기대되는 가격 수준이 어느 정도인지, 그리고 그 지역에 잠재적인 악재는 없는지 등을 미리 평가하는 것이 가능해졌습니다. 이처럼 기술의 발달을 고려해볼 때, 종잣돈을 모으는 데 필요한 시간 동안 더 나은 서비스가 출시되어 경매를 받았다 낭패 보는 사례가 점점 줄어들지 않을까 생각합니다.

부동산시장이 폭락할 때
바닥을 알 수 있는 징후들

부동산시장이 2014년부터 무려 7년 동안 상승세를 지속하면서 '부동산 불패'에 대한 신뢰가 점점 높아지고 있습니다. 하지만 부동산시장은 대략 10~15년의 주기를 두고 가격이 급락하곤 합니다. 대표적인 사례가 1997년 외환위기 이후, 그리고 2010년대 중반 이른바 '하우스 푸어(무리하게 대출을 받아 집을 구입했다가 대출이자 때문에 빈곤하게 사는 사람들을 일컫는 말)' 사태입니다.

그렇다면 1997년과 2010년대 중반에는 왜 부동산 가격이 급락했을까요? 두 경우 모두 금리가 급등했을 뿐만 아니라 '주택 공급'이 과다했던 것도 문제가 되었습니다. 왜 주택 공급의 감소와 증가가 부동산시장에 큰 영향을 미칠까요? 이를 설명하기에 앞서 세계적인 투자 고수인 워런 버핏의 사례를 살펴보겠습니다. 2003년에 버핏은 미국의 조립주택 제조 회사인 클레이턴 홈즈(Clayton Homes)를 인수하면서 부동산 및 건설시장에 본격 뛰어들었지만, 곧 부동산시장이 붕괴되고 말았습니다. 그러나 2011년 봄, 버핏은 주주총회에서 미국 부동산시장이 회복될 것이라고 단언합니다. 리처드 코너스(Richard Connors)와 공저한 버핏의 저서 《워런 버핏 바이블(Warren Buffett On Business)》에 실린 관련 내용을 간략히 인용하면 다음과 같습니다.

> 주택 경기는 회복될 것입니다. 이 말은 믿어도 됩니다. 장기적으로 주택 수는 가구 수를 따라갈 수밖에 없습니다. 그러나 2008년 이전에는 가구 수보다 주택 수가 더 많아졌습니다. 그 결과 지나치게 커진 거품이 요란하게 터지면서 경제를 통째로 흔들어 놓았습니다. 이 때문에 다른 문제가 발생했습니다. 침체기 초기에는 가구 수 증가 추세가 둔화했고, 2009년에는 가구 수가 극적으로 감소했습니다. 그러나 끔찍했던 수급 상황이 이제는 역전되었습니다. 지금은 주택 수보다 가구 수가 매일 더 증가하고 있습니다. 불확실한 기간에는 사람들이 결혼을 미루지

만, 결국은 호르몬을 억제하지 못합니다. 사람들이 침체기 초기에는 시댁이나 친정에서 함께 살더라도, 머지않아 이런 생활에서 벗어나고 싶어집니다.

현재 주택 건축 착공은 연 60만 건이어서 가구 증가 수보다 훨씬 적으므로, 이제는 주택 구입이나 임차가 증가하면서 과거의 주택 공급 과잉 상태가 빠른 속도로 해소되고 있습니다.

워런 버핏의 이 말은 주택시장의 사이클에 대해 아주 중요한 정보를 제공합니다. 사람들이 필요로 하는 수준보다 주택이 적게 공급되면, 다시 말해 신축 주택이 시장에서 희소해지면 그때 신축 주택에 대한 사람들의 선호가 높아집니다. 반대로 평균 수준에 비해 주택 공급이 과도하면 신축 주택에 대한 인기는 시들해지는 것입니다.

2014년부터 우리나라 주택시장이 상승세로 돌아선 데에는 저금리 정책이 가장 직접적인 영향을 미쳤습니다. 특히 2015년을 고비로 주택 공급 물량이 계속 줄어들면서 신축 주택에 대한 인기가 높아졌습니다. 따라서 주택시장에 참여할 때는 꼭 입주 물량을 체크해야 합니다. 최근 부동산 정보 제공 업체들의 전망에 따르면, 2022년까지도 서울을 비롯한 핵심 지역의 아파트 입주 물량이 감소한다고 합니다. 당분간은 주택 공급의 과잉으로 인한 위험이 주택시장을 무너뜨리기 쉽지 않아 보입니다.

사실 주택이 얼마나 공급되는 것이 적정한가에 대해서 확실히 규정하기는 어렵습니다. 저는 아파트의 경우 대략 40년이 지나면 사용가치, 즉 주거용 부동산으로서의 가치가 급격히 하락한다고 봅니다. 일례로 1970년대에 건설된 여의도의 한 아파트에 4년 정도 거주하면서 겪었던 일을 이야기해보겠습니다. 2010년쯤으로 기억되는 어느 날 집에 사고가 터졌습니다. 부엌에 있는 난방 배관의 틈새로 갑자기 갈색빛을 띠는 물이 뿜어나오기 시작한 것입니다. 사방으로 더러운 물이 튀는 것을 막기 위해 배관 수리 전문가가 올 때까지 의자 위에 올라가 걸레로 틈새를 막고 있었지요. 배관 수리 전문가는 도착하자마자 터진 배관 부분을 고무로 칭칭 감아 순식간에 문제를 해결하고는, 급히 다른 집으로 뛰어갔습니다. 우리 집 배관만 터진 게 아니었던 것이지요.

이처럼 40년 또는 50년 전에 지어진 아파트는 주거하기에 불편할 뿐만 아니라 대단히 위험합니다. 따라서 오래전에 지어진 아파트들은 순차적으로 재건축되어야 정상이며, 재건축이 제때 이뤄지지 않으면 사용가치가 0을 향해 수렴할 것입니다. 주거 시설로서의 가치가 제로 수준까지 떨어진다는 뜻입니다.

그렇다면 매년 얼마나 새로운 아파트가 공급되는 것이 적절할까요? 서울에 존재하는 약 150만 호의 아파트가 40년이 지나 주거 시설로서의 가치가 없어진다고 가정하면, 매년 4만 호 전후의 신규 공급이 필요할 것입니다. 그러나 서울 아파트의 입주 물량은 2020년에 5만 호에서 2021년에는 2만 6,000호, 그리고 2022년에는 1만 7,000호 전후까지 줄어들 것으로 예상됩니다. 따라서 당분간은 2011년에 워런 버핏이 한 이야기처럼, 주택 수요에 비해 공급이 부족한 시기가 이어진다고 볼 수 있겠습니다. 낮은 금리 수준이 유지되는 가운데 주택 공급도 부족하니 부동산 가격은 앞으로도 계속 오를 것으로 보입니다.

그러나 부동산시장에 영향을 미치는 요소는 '금리'와 '주택 공급'만이 아닙니다. 마지막 요소는 '절대가격'입니다.

최근 경기도의 일부 신축 아파트 가격이 15억 원을 상회하고, 2020년 말 기준 서울 아파트의 평균 매매가격이 10억 원을 훌쩍 뛰어넘은 상황을 주시할 필요가 있습니다. 즉 주택은 항상 비싼 재화였지만, 이제 그 '문턱'이 더욱더 높아졌다는 의미입니다. 2019년 기준으로 한국 가계의 평균 연소득은 5,900만 원이고, 중앙값 소득은 4,600만 원 전후입니다. 여기서 각종 세금과 연금 등을 지출하고 나면 처분 가능한 소득은 더 줄어들 것입니다. 이러한 소득으로 주택을 구입할 수 있을까요? 현실적으로 매우 어렵다고 봅니다. 아마 소득 상위 10% 또는 5% 계층의 사람들 정도만 가능할 것입니다. 게다가 주택 가격이 가파르게 상승하는 가운데 주택 구입 여력을 가진 가구 수는 가파르게 줄어들 수밖에 없습니다. 특히 2020년 봄, 코로나19의 확산을 막기 위한 세계 곳곳의 '락다운(Lockdown)' 조치로 인해 한국의 내수경기 역시 얼어붙은 상황에서 소득이 늘어난 가구는 많지 않습니다.

물론 예외적인 사례도 있습니다. 삼성전자나 SK하이닉스 같은 대기업의 직원들은 성과급을 듬뿍 받는 호황을 누렸습니다. 그러나 이는 한국 노동자의 상위 10%의 이야기일 뿐, 나머지 90%의 노동자와 자영업자들은 대단히 어려운 시기를 견디고 있습니다. 같은 맥락에서 한국의 대다수 가계는 급격히 상승하는 주택 가격을 더 이상 쫓아가기 어려워 보입니다(이에 관한 통계는 2장의 MONEY TALK "주택구입부담지수로 본 주택시장 버블 수준" 참조).

결국 부동산시장은 2022~2023년까지는 강세 행진을 이어갈 것으로 보이지만, 서서히 상승 에너지가 고갈되는 국면이 나타날 것입니다. 현재로서는 어떤 식으로 부동산시장의 조정이 나타날지 알기 어렵습니다.

그렇지만 부동산시장이 침체될 때 2030세대에게 새로운 투자 기회가 나타날 것입니다. 참고로, 2012~2013년에 부동산시장이 침체 국면에 있을 때 주거 시설 낙찰률(전국 기준)은 76%까지 떨어지기도 했습니다. 평균 응찰자 수도 4.5명에 불과했습니다. 바로 이런 때가 경매시장에 들어가기 좋은 시기입니다. 투자자들 대부분이 추가적인 가격 하락 가능성을 높게 보고, 아무리 매력적인 물건이 나오더라도 투자하지 않으려 들 때가 투자의 적기가 되는 경우가 많습니다.

부동산 경매 외에 '갭투자'도 좋은 투자 방법이 될 수 있습니다. 예를 들어 2016년 말 서울 아파트 가격 대비 전세가격 비율은 73.4%에 이르렀습니다. 특히 서울 강북 지역의 매매가격 대비 전세가격 비율은 75%를 훌쩍 뛰어넘었지요. 이럴 때 시세 5억 원 아파트를 1억 2,000만 원 정도에 갭투자할 수 있습니다. 물론 집값이 여기서 더 빠지면 손실을 크게 입을 수도 있습니다. 따라서 부동산시장의 바닥 징후를 잘 판단하고 투자하는 태도가 필요합니다.

지금까지 설명한 이야기를 정리하자면, 부동산시장에 진입하기 좋은 첫 번째 징후는 낙찰률이 뚝뚝 떨어질 때입니다. 전국 주거용 부동산의 낙찰률이 70%대, 그리고 서울 지역 부동산의 낙찰률이 80%대 또는 그 이하로 떨어지면 시장에 '패닉'이 발생한 것으로 보고 관심을 가질 필요가 있습니다.

두 번째 징후는 미분양 물량의 증가세가 꺾일 때입니다. 주택시장은 공급이 매우 중요한데, 공급 과잉의 압력이 완화될 때가 주택시장에 진입할 수 있는 기회가 됩니다. 이때는 입지가 괜찮은 미분양 아파트를 매입하는 것도 좋은 투자 방법이 될 수 있습니다.

마지막으로, 세 번째 징후는 금리 인하 등 다양한 주택시장 부양 정책이 시행되는 때입니다. 예를 들어 2014년에 발표된 '9.1 부동산 대책'처럼, 재건축 연한이 크게 단축되고 임대주택 의무 비율 완화 등이 이뤄지는 경우 주택시장에 저가 매수세가 유입되곤 합니다.

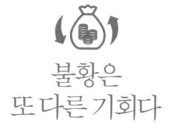

불황은
또 다른 기회다

앞에서 부동산에 대한 제 견해를 살펴본 독자들 중에는 다음과 같은 의문을 가질 수도 있을 것 같습니다. '한국 부동산시장도 일본처럼 장기 불황에 빠진다면, 저가 매수를 했다가 큰 곤욕을 치르지 않을까?'라고 말입니다. 저도 100% 확신하지는 못합니다.

그러나 최근 일본 부동산시장의 상황을 보면 이 점에 대해 너무 우려하지 않아도 될 듯합니다. 일본의 전국 토지 가격이 장기간에 걸쳐 하락한 것은 분명합니다. 1991년부터 2016년까지 26년 연속 하락했을 정도로 어려운 시기가 이어졌습니다. 하지만 아파트시장은 전혀 상황이 다릅니다. 도쿄 지역의 아파트 가격은

2003년부터 상승세를 나타내고 있으며, 오사카 지역의 아파트 가격은 2005년부터 상승세로 돌아섰습니다. 특히 도쿄 지역의 아파트 가격은 16년 동안 두 배 이상 상승하면서 1991년에 기록했던 역사적인 최고치에 바짝 접근한 상황입니다. 일본은 대도시 아파트의 경우 이제 새로운 시대가 열리고 있는 셈입니다.

일본 인구가 2000년대 중반부터 본격 감소하기 시작했다는 것을 고려할 때, 도쿄와 오사카 등 대도시 아파트 가격의 상승은 놀라운 일입니다. 왜 이런 일이 일어났을까요? 그 이유로는 크게 세 가지 요인이 거론되고 있습니다.

첫 번째는 '아베노믹스(아베 신조 전 일본 총리의 대규모 경기부양 정책)'입니다. 일본 정부는 금리를 제로 수준으로 떨어뜨린 것으로도 모자라 양적 완화를 대규모로 진행하고 있습니다. 양적 완화란, 중앙은행이 직접 금융시장에서 채권이나 주식을 매입하여 시중에 통화 공급을 늘리는 것을 의미합니다. 예를 들어 A 은행이 일본 정부가 발행한 국채를 1조 엔 보유하고 있다고 가정해봅시다. 이때 일본 중앙은행이 채권시장에서 '시장 가격보다 더 비싼 값에 대량 매입하겠다'라고 '사자' 주문을 넣는 것이 양적 완화입니다. 이 과정에서 경제에 두 가지 효과가 나타납니다. 무엇보다 채권 가격이 상승하면서 금리가 떨어질 것이고, 다른 한편으로는 A 은행이 예전보다 더 많은 현금을 보유하게 될 것입니다. 왜냐하면 보유하던 채권 1조 엔을 매각하고, 이 대가로 현금을 받았을 테니까 말입니다. 그러면 A 은행은 채권의 매각 차익이 발생해 이익일 것이고, 보유 현금도 늘었으니 새로운 투자를 시작할 가능성이 높아질 것입니다. 일본 정부가 아닌 기업이 발행한 채권, 즉 회사채를 매입할 수도 있고, 또 개인이나 기업에 대한 대출을 늘릴 것이기에 경기가 점점 좋아질 것입니다. 물론 대출 중에서 가장 안정적인 것이 부동산담보대출이니 A 은행으로 유입된 돈이 부동산시장으로도 분명히 향했을 것입니다.

두 번째는 양적 완화뿐 아니라 '주택 공급의 감소'도 대도시 아파트 가격의 상승 요인으로 작용했습니다. 일본의 주택 공급 추이를 살펴보면, 극적인 변화가 2000년대 중반에 나타났음을 쉽게 확인할 수 있습니다. 1996년 한 해에 무려 164만 호가 건설되었던 것이 2005년에는 124만 호로 줄어들고, 2009년에는 79만 호까지 떨어졌기 때문입니다. 워런 버핏의 말처럼 주택 공급이 부족해지면 신축 주택에 대한 인기가 높아집니다. 그리고 시간이 지나도 이 문제가 해결되지 않으면, 점점 더 다른 지역 그리고 다른 유형의 주택에 대한 인기도 높아지게 될 것입니다.

세 번째는 정보통신 혁명으로 인해 일본 인구가 대도시로 집중되는 현상이 심화된 것도 대도시 아파트 가격 상승의 요인으로 지목되고 있습니다. 일본은 인구 감소 충격 속에 내수경기가

투자의 시대, 돈 좀 굴려봅시다

만성적인 부진의 늪에 빠졌지만, 아베노믹스 덕분에 달러에 대한 엔화 환율이 상승했고, 정보통신을 중심으로 한 수출 산업의 경쟁력이 개선되어 대도시로의 인구 집중 현상이 일어났습니다. 정보통신 혁명이 대도시로의 인구 집중을 초래한 이유는 '혁신'을 불러일으키기 위해서는 인재들을 특정 지역에 모으는 것이 필수적이기 때문입니다. 예를 들어 생명공학연구소나 소프트웨어 기업을 멀리 인적이 드문 곳으로 옮겨 놓으면, 그 연구소나 기업의 생산성은 급격히 떨어지게 될 것입니다.

그 이유에 대해서는 최근 SK하이닉스의 반도체 클러스터(제조 및 연구의 중심지)가 용인으로 결정된 사례에서 더욱 잘 알 수 있습니다. SK하이닉스가 여러 논란 속에서도 용인을 반도체 클러스터, 즉 연구 및 생산과 부품 업체의 집결지로 선정한 것은 크게 두 가지 이유에서였습니다. 첫째는 인접한 곳에 삼성전자가 있기 때문입니다. SK하이닉스는 삼성전자와 치열하게 경쟁 중이지만 기술개발 동향 등을 파악하기 위해서는 삼성전자 근처로 가는 것이 더 이로울 수 있습니다. 두 번째 이유는 인재 확보 문제입니다. 반도체와 같은 혁신 산업의 발전을 위해서는 무엇보다 뛰어난 인재를 유치해야 하는데, 이는 현실적으로 수도권이 매우 유리합니다.

이러한 현상은 일본도 마찬가지였습니다. 도쿄대학이나 히토

츠바시대학 같은 세계적인 대학교와 소니와 캐논 등 수많은 기업이 치열한 경쟁을 벌이는 곳으로 인재들이 몰려들기 마련입니다. 또한 이런 인재들은 높은 연봉을 받기 때문에, 주변에 새로운 일자리를 연쇄적으로 창출하는 측면도 있다는 것을 간과해서는 안 됩니다. 참고로 파나소닉의 본사가 오사카라는 점을 생각해보면, 왜 도쿄와 오사카 지역의 아파트 가격이 상승세를 주도하는지 이해되리라 생각합니다.

따라서 '장기 불황'에 대한 공포에 함몰되기보다, 부동산시장의 동향을 주시하여 부동산 불황의 공포가 걷잡을 수 없이 번질 때 적절한 투자 기회를 포착해낼 수 있기를 바랍니다. 특히 최근의 LH 사태로 인해 신도시 개발의 추가적인 개발이 어려워진 것을 감안하면, 앞으로 주택 공급이 폭발적으로 늘어나기는 쉽지 않다는 점도 고려해야 할 것입니다. 3기 신도시 및 공공 재건축 물량이 2020년대 중반에 소화되고 나면, 또 상당한 기간 동안 공급 가뭄이 발생할 수 있다는 가능성도 염두에 두면 좋을 것 같습니다.

위기에 흔들리지 않는
안전자산에 투자하자

부동산 사이클을 판단하는 방법이나, 경매시장에 진입하는 타이밍에 대한 글을 읽으면서 나오는 상관없는 이야기라고 생각하며 낙심하는 사람들도 많을 것입니다. 부동산 경매나 갭투자를 할 종잣돈이 아예 없다면 아무리 좋은 투자 기회를 만나도 시작할 수 없기 때문입니다.

그렇지만 이 책은 이른바 '금수저' 계층이나 고소득자들을 위한 투자에 대해서는 구체적으로 다루지 않습니다. 물려받은 자산이 많거나 소득 수준이 높은 사람들은 투자 공부를 계속하면서 준비하면 결국 기회를 잡을 수 있기 때문입니다. 예를 들어 총소득에서 세금이나 연금 등을 뺀 '처분가능소득' 기준으로 연 1억 원의 수입이 있는 가계는, 한국에서 상위 8.9%에 해당됩니다. 이런 가계는 노력 여하에 따라 연 4,000만 원 이상의 저축도 가능합니다. 따라서 2012~2013년 같은 경매시장의 황금기가 찾아오면 이런 여유 있는 가계는 대출 없이도 서울 등 핵심 지역의 아파트를 낙찰받을 수 있을 것입니다. 그러나 대부분의 가계는 연 2,000만 원, 아니 1,000만 원의 저축도 어렵습니다. 실제로 2019년 기준 한국 전체 가계 중에 4,000만 원 이하의 소득을 올리는 가계의 비중이 50.9%에 이릅니다.

어려운 환경에서 종잣돈을 모을 때 가장 중요한 원칙은 '불황에 가치가 상승하는 자산'에 투자하는 것입니다. 2008년 위기를 예측한 것으로 유명한 투자자 나심 니콜라스 탈레브(Nassim Nicholas Taleb)의 용어로 말하자면 '안티프래질(Anti-fragile)'한 자산이 종잣돈을 모을 수 있는 대상으로 가장 적합하다는 뜻입니다. 여기서 안티프래질이란, 위기에 강해지는 특성을 지니는 자산 혹은 특질을 뜻합니다. 대표적인 사례가 바로 '미국 국채'입니다. 미국 국채에 투자하는 상장지수펀드(305080)의 가격 흐름을 살펴보면, 2019년 말에 비해 2020년 3월 말에 16.4% 상승한 것을 확인할 수 있습니다. 코로나바이러스의 확산으로 경제가 얼어붙고 금융시장이 패닉에 빠졌지만, 미국 국채의 가격은 오히려

투자의 시대, 돈 좀 굴려봅시다

급등한 것입니다.

이 사례에서 알 수 있듯이, 안티프래질한 자산에 투자하는 이유는 명확합니다. 불황에 우리의 소득(그리고 보유 자산의 가치)도 줄어들 가능성이 높기 때문입니다. 이런 면에서 가장 최악의 투자기법은 자기회사 주식에 투자하는 것입니다. 만에 하나 회사가 잘못되는 날에는 근로소득과 자산 모두 허공으로 날아가 버릴 것입니다. 우리는 삼성전자나 SK텔레콤처럼 자기회사 주식 보유를 통해 큰 부자가 된 사례를 자주 접하지만, 이는 전형적인 '후견 편향(Hindsight Bias, 사후 확신 편향)'에 불과합니다. 후견 편향이란, 어떤 일이 발생한 후에 그 결과를 알고 있는 상황에서, 마치 자신이 그 일이 일어날 것을 이미 알고 있었던 것처럼 믿는 경향을 말합니다. '나는 그렇게 될 줄 다 알고 있었다니까'라고 생각하는 것이지요.

지난 1년을 돌이켜볼 때, 코로나19 사태가 한창이던 2020년 3월에 주식을 못 산 것을 후회하는 것이 전형적인 후견 편향입니다. 당시 주식시장의 분위기는 대단히 흉흉했는데, 성장 전망이 급격히 악화되는 가운데 투자자들은 주식처럼 위험한 자산을 피해 미국 달러나 금처럼 안전하다고 여겨지는 자산으로 몰려들었습니다. 실제로 달러에 대한 원화 환율의 흐름을 보면, 2020년 3월 19일에 1,285원 70전까지 급등한 바 있습니다.

이 사례가 보여주듯이, 절대 잃어버리면 안 되는 중요한 돈은 달러와 같이 '위기에 강한 자산'에 투자하는 것이 바람직합니다. 지난 10년을 돌이켜봐도 달러에 대한 원화 환율이 1,300원 근처에 이른 횟수만 세 번입니다. 즉 2020년 3월, 2016년 2월, 그리고 2011년 9월에 어떤 일이 벌어졌는지 떠올려 볼 필요가 있습니다. 2016년 초에는 국제유가 폭락 사태 속에 한국 종합주가지수인 코스피(KOSPI)가 1,800포인트 수준까지 하락했고, 2011년 여름에는 유럽 재정위기와 미국의 국가 신용등급 강등 사태로 금융시장이 일대 혼란에 빠졌습니다.

그런데 이때 달러를 보유하고 있었다면 어떻게 되었을까요? 환율 급등 속에 달러예금(또는 달러 자산)의 평가액이 늘어났을 테니, 2011년이나 2016년 경매시장의 호시절에 진입할 여력이 있었을 것입니다. 물론 2020년 봄 코로나19 사태 때는 부동산시장이 강세를 보였으니 부동산 대신 폭락한 우량주를 매입할 수도 있었겠지요.

요약하자면, 소득이 적어 종잣돈을 모으는 데 많은 노력이 필요한 가계일수록 달러를 비롯한 안전자산에 투자해야 한다는 것을 기억할 필요가 있습니다.

환율을 알아야
투자도 잘한다

대표적인 안전자산으로 꼽히는 달러에 투자해야 한다는 사실을 인식하더라도 난관이 적지 않습니다. 일반 투자자들의 경우 달러 환율이 왜 불황에 상승하는 경향이 있는지 이해하기 어렵고, 더욱이 환율에 따라 어떻게 투자해야 하는지 알기 어렵기 때문입니다. 여기서는 이 점에 대해 조금 더 자세히 살펴보겠습니다.

한국 경제가 어려울 때 환율이 갑자기 오르는 이유는 '수출 중심의 경제구조' 때문입니다. 한국은 수출이 경제에서 차지하는 비중이 40% 이상인 데다, 수출 경기의 변화 폭이 상당히 큽니다. 대표적인 예로 2009년의 상황을 들 수 있습니다. 글로벌 금융위기 이후 한국의 수출은 전년 같은 기간에 비해 13.9%나 줄어들었고, 경제성장률은 0.8%에 그쳤습니다. 지난 2020년의 상황도 마찬가지였습니다. 코로나 불황이 시작되며 수출이 5.4% 하락하면서, 국내총생산(GDP) 규모가 1% 이상 줄어들었습니다. 국내총생산이란, 한 해 동안 국내에서 생산된 총 부가가치의 합을 뜻합니다. 예를 들어 자동차 한 대를 팔아서 3,000만 원의 새로운 매출이 발생했다 해도, 이 중에 1,000만 원이 해외에서 수입된 원자재 비용이라면 자동차 생산 과정에서 새롭게 창출된 가치는 2,000만 원이라고 봐야 할 것입니다. 이것을 집계한 것이 국내총생산입니다.

세계경제에 큰 변화가 생길 때마다 한국 경제가 충격을 받는 현상을 '공급사슬망의 채찍 효과'로 설명할 수 있습니다. 세계적인 생활용품 제조업체인 프록터앤드갬블(P&G)의 사례를 들어 살펴보겠습니다. 이 회사의 아기 기저귀 물류 담당 임원은 수요 변동을 분석하다 흥미로운 사실을 발견했습니다. 아기 기저귀라는 상품의 특성상 소비자 수요는 일정한 편인데, 소매점과 도매점의 주문 수요가 들쑥날쑥했던 것입니다. 그리고 이런 주문 변동 폭은 '최종 소비자-소매점-도매점-제조업체-원자재 공급업체'로 이어지는 공급사슬망(Supply Chain)에서 최종 소비자로부터 먼 제조 또는 원자재 공급 쪽으로 갈수록 증가했습니다. 즉 채찍을 휘

두를 때 손잡이 부분을 작게 흔들어도 이 파동이 채찍의 끝쪽으로 갈수록 더 커지는 것과 유사하여, 공급사슬 관리에서 생기는 이런 현상을 '채찍 효과'라고 지칭하게 되었습니다. 선진국의 소비시장에 조금만 충격이 발생해도, 한국이나 중국 등 제조 중심 국가의 경기가 크게 흔들리는 것이 바로 채찍 효과의 영향 때문이라고 할 수 있습니다.

물론 공급사슬망에서 일어나는 현상 외에도 채찍 효과가 발생하는 데는 여러 요인이 있습니다. 가장 큰 이유는 '리드타임(Lead Time)' 때문입니다. 리드타임이란, 제품 하나를 생산할 때 주문에서 출고까지 걸리는 시간을 의미합니다. 예를 들어 2000년이나 2007년처럼 경제가 호황을 누리고 있을 때 반도체와 같은 전자산업의 핵심 부품을 생산하는 기업들은 고객 주문이 이미 잔뜩 쌓여 있기에 새로 주문하더라도 리드타임이 3개월 혹은 그 이상이 걸리곤 합니다. 실제로 최근에는 자동차용 반도체를 생산하는 기업의 생산 차질까지 발생해서 자동차 공장이 멈출 지경이라는 뉴스까지 보도된 바 있습니다.

이런 상황에서 다른 경쟁 기업보다 더 빨리 부품을 수령할 수만 있다면 경쟁에서 확실하게 승리할 수 있을 것입니다. 따라서 경쟁 압박에 시달리는 기업들은 부품 업체에게 과잉 주문을 하게 됩니다. 즉 필요한 수량의 몇 배에 이르는 과도한 주문을 하게 되는 것이지요. 이런 일이 발생하는 이유는 '대량 공급 우선의 법칙'에 대한 기대 때문입니다. 대량 주문하는 고객을 우대하고, 또 가격을 깎아주는 업계의 관행을 이용해 조금이라도 빨리 부품을 받기 위한 목적으로 과잉 주문하는 것입니다.

그러나 상황이 바뀌어 자동차 회사의 반도체 수요가 감소할 경우 심각한 문제가 벌어집니다. 제때 물건을 받지 못할 것을 우려한 주문 기업들이 두 배 혹은 세 배 이상 주문을 부풀리고 있었다는 것을 미처 알지 못한다면 뜻밖의 충격을 받을 수 있습니다. 확보된 주문 수량에 맞춰 설비를 늘리고 또 고용 인력을 잔뜩 채용해 놓았는데, 주문이 일제히 취소되면 이 부품 업체는 심각한 문제에 직면할 것입니다. 따라서 부품 업체들은 끊임없이 '이 주문이 허수(虛數)는 아닌지' 점검하고 또 정보를 얻기 위해 노력합니다. 하지만 어떤 회사든 자신의 상황을 거래처에게 투명하게 공개하지 않기 마련입니다. 서로 더 많은 이익을 올리기 위해 경쟁하는 업계에서 제대로 된 정보의 유통이 이뤄질 리 없습니다.

이렇듯 선진국 소비자의 사소한 취향 변화만으로도 한국이나 중국 같은 제조·부품 대국은 크게 흔들릴 수밖에 없습니다. 여기에 한 가지 변수가 더 작용합니다. 그것은 바로 '글로벌 투자자'입니다. 이들은 한국이 선진국 경기에 대단히 민감한 나라라는 것을 잘 알고 있습니다. 따라서 세계경제 여건이 좋아질 때는 한국 주식이나 부동산 전망이 밝아지므로 이 같은 자산을 적극 매입함으로써, 결과적으로 달러에 대한 원화 환율이 하락하게 됩니다. 즉 달러를 외환시장에서 팔고 받은 원화로 한국 자산을 매입하므로, 외환시장에서는 '달러 팔자, 원화 사자' 주문이 압도하게 될 것입니다.

반대로 세계경제 여건이 안 좋을 때는 외국인 투자자들이 한국 자산부터 급매에 나설 것입니다. 왜냐하면 채찍 효과 때문에 한국이나 중국, 대만 같이 공급사슬망의 끝부분에 위치한 나라의 경기가 빠르게 나빠질 것을 알고 있기 때문입니다. 실제로 한국 기업의 실적과 수출 흐름을 비교해보면, 수출이 마이너스 증가율을 기록할 때 세계경제가 부진한 것을 확인할 수 있습니다. 그 결과 세계 경기 여건이 나쁠 때는 환율이 급등합니다. 외국인이 외환시장에서 '원화 팔자, 달러 사자' 주문을 앞다퉈 낼 가능성이 높기 때문입니다. 그리고 한국 투자자들도 이 사실을 인지하고 불황에 강한 달러 자산을 매입하려는 수요가 늘어날 것입니다.

이와 같이 경기가 나빠질 때는 환율이 상승하며, 반대로 경기가 좋아질 때는 환율이 하락합니다. 경제 상황에 따라 환율이 움직이는 원리와 역학 관계를 잘 인지한다면 투자하는 데 도움이 될 것입니다. 예를 들어 경기가 좋을 때 달러 자산에 투자해 놓는다면 불황에 오히려 큰 차익을 거둘 수 있을 것입니다. 게다가 이

돈을 활용해 저평가된 국내 자산을 매입하는 데 쓸 수 있으니 일석이조의 효과가 나타난다고 볼 수 있습니다.

그러면 다음 절에서는 어떤 달러 자산에 투자해야 하는지에 대해 살펴보겠습니다.

불황에 강한
미국 국채를 챙기자

불황에 강한 달러 자산에 투자하라는 이야기를 들으면, 제일 먼저 외화예금이 떠오를 것입니다. 그러나 외화예금은 현재 상황에서는 그리 추천할 만한 투자 방법은 아닙니다. 왜냐하면 달러나 엔화 예금을 할 때 이자수익은 보잘것없는 반면, 비용이 꽤 많이 들기 때문입니다. 달러를 살 때와 팔 때의 가격이 다르다는 것은 특히 해외여행을 갈 때 많이 느꼈을 것입니다. 외화를 살 때의 가격과 팔 때의 가격이 크게 벌어질 경우에는 30~40원 이상 벌어질 때가 허다하니 외화예금을 무턱대고 가입하기는 어렵습니다.

그럼 어떤 투자 대안이 있을까요? 그것은 바로 '상장지수펀드'입니다. 상장지수펀드란, 말 그대로 주식처럼 거래할 수 있는 펀드 상품을 뜻합니다. 상장지수펀드 상품 중에는 달러에 대한 원화 환율 변화를 그대로 복제하는(또는 추종하는) 상품들이 있습니다. 가장 대표적인 것이 'KOSEF 미국달러선물(138230)'과 'KODEX 미국달러선물(261240)'입니다. 두 상품 모두 달러에 대한 원화 환율의 변화를 잘 따라가기 때문에, 외화예금에 가입하는 대신 이 상품에 투자하는 것도 한 방법입니다.

그런데 상장지수펀드보다 더 좋은 투자 방법이 있습니다. '미국 국채'에 투자하는 것입니다. 왜 미국 국채가 좋은 투자 대상일까요? 그 이유는 달러에 대한 원화 환율이 상승할 때가 항상 금리가 떨어질 때이기 때문입니다. 금리가 떨어진다는 것은 곧 국채 가격이 상승한다는 의미입니다. 한마디로 불황에 가격이 상승하는 자산이라는 말이지요.

이 내용을 살펴보기 위해 만기가 30년이고, 매년 10원의 이자를 주는 100원짜리 미국 국채 A가 막 발행되었다고 가정해보겠습니다. A 채권 가격은 100원인데 10원의 이자를 주니, 이자율은 10%라고 볼 수 있습니다. 그런데 만기가 30년이나 되는 채권이기에, 30년 뒤에 원금을 받을 때의 가치는 아주 낮아 이 채권의 가격 변동은 이자율에 의해 좌우될 것입니다. 예를 들어 연 3%의 물가 상승이 있다면, 30년 뒤에 A 채권 원금의 실질적 가치는 크게 떨어질 것입니다(약 40만 원 수준으로 하락). 1990년 어느 직장인의 월급이 100만 원이라면 굉장히 큰돈이었겠지만, 30년이 지난 지금은 최저임금에도 미치지 못하는 것을 생각하면 이해하기 쉬울 것입니다.

여기서 한 가지 상황을 더 가정해봅시다. 1년 뒤 갑자기 경기가 좋아지고 인플레이션이 발생해 새로 발행된 30년 만기 국채 B의 연 이자가 20원이 되면, A 채권은 어떻게 될까요? A 채권과 B 채권 모두 30년 만기 국채이니, 두 채권의 이자율은 같아져야 합니다. 그런데 B 채권은 20%의 이자율을 제공하는데, A 채권의 이자율은 10%에 불과하기에 문제가 생깁니다. 투자자들이 바보가 아닌 바에야 매년 이자를 10원밖에 주지 않는 A 채권을 구입하지 않을 테니, A 채권 가격이 떨어질 수밖에 없는 것이지요. 결국 A 채권 가격은 50원까지 떨어져 이자율이 B 채권과 같은 20% 수준에 수렴할 것입니다. 즉 새로 발행된 채권의 금리가 높아지면, 이전에 발행된 저금리 채권의 가격이 폭락한다는 뜻입니다.

반대로, 2년 뒤 경기침체가 발생해 이자율이 떨어져 새로 발행된 30년 만기 국채 C의 연 이자가 5원에 불과하다면, 어떤 일이 벌어질까요? 아마 전혀 다른 방향으로 가격 조정이 나타날 것입니다. A 채권과 C 채권 모두 30년 만기 국채이니, 두 채권의 이자율은 같아져야 합니다. 이제는 A 채권의 가격이 반대로 200원으로 상승하겠지요. C 채권의 이자율은 단 5원에 불과하므로, 10원의 이자를 주는 A 채권의 인기가 폭등할 것이기 때문입니다. 결국 A 채권과 C 채권 모두 5%의 이자율 수준에서 수렴하게 될 것입니다. 즉 새로 발행된 채권의 금리가 낮아지면 이전에 발행된 고금리 채권의 가격이 급등하는 것이지요.

이와 같은 사례에서 알 수 있듯이, 경기가 좋아지고 물가가 오를 때는 금리가 상승하고 채권 가격이 하락합니다. 반대로 경기가 나빠지고 인플레이션 압력이 낮아질 때는 금리가 떨어지고 채권 가격이 상승합니다.

이번에는 갑자기 불황이 시작되고, 달러에 대한 원화 환율이 상승할 때 미국 채권 가격이 어떻게 움직일지 살펴보겠습니다. 이런 상황에서 미국 중앙은행은 금리를 인하할 것입니다. 또 미래 소득 전망이 불투명하고 소비자들의 지출이 줄어듦에 따라 시중금리도 하락할 것입니다. 그러면 이전에 발행된 고금리 채권의 인기가 높아지며 채권 가격이 상승할 것입니다.

따라서 세계경제 여건이 어려워지며 달러에 대한 원화 환율이 상승할 때, 미국 국채를 보유한 투자자는 아주 큰 기회를 갖게 됩니다. 가격이 급등한 미국 달러 표시 국채의 차익을 실현해, 가격이 하락한 한국의 주식이나 부동산을 매입할 수 있을 것이기 때문입니다.

정리하자면, 경기가 나쁘고 물가 상승률이 떨어질 때 미국 국채를 가지고 있으면 큰 수익을 누릴 수 있습니다. 이런 면에서 미국 국채는 '불황에 강한 자산'으로 볼 수 있습니다.

그렇다면 미국 국채는 어떻게 투자해야 할까요? 저는 'TIGER 미국채 10년선물(305080)'이나 'KODEX 미국채 10년선물(308620)' 상품에 투자하는 것도 좋은 방법이라고 봅니다. 오랜 기간 투자해본 결과, 미국 국채 가격의 변동을 잘 추적하는 것으로 보이기 때문입니다. 만약 해외증권 계좌를 개설했고, 해외증권 매매에 익숙하다면 'IEF(미국 7~10년 국채 편입 상장지수펀드)'나 'TLT(미국 20년 이상 만기 국채 편입 상장지수펀드)'에 대한 투자를 권합니다. 이 두 상장지수펀드 모두 거래량이 많고, 미국 국채 중에 가장 대표적인 상품에 투자할 수 있다는 장점이 있기 때문입니다.

참고로, IEF는 'iShares 7~10 Year Treasury Bond ETF'의 티커이며, TLT는 'iShares 20+ Year Treasury Bond ETF'의 티커입니다. 여기서 티커(Ticker)란 주식 거래를 위해 사용되는 고유의 종목코드를 말합니다. 주식 매매할 때 종목 검색창에 IEF나 TLT를 입력하면 이 상장지수펀드를 쉽게 찾을 수 있습니다. 미국 주식의 경우는 숫자로 된 코드가 아닌 알파벳 약자로 된 티커 코드로 주식을 표현합니다.

달러 자산 투자를 위한 액션플랜

유례없는 주식투자 열기 속에 "미국 주식에 투자하는 것은 어떨까요?"라고 질문하는 사람들이 많아졌습니다. 실제로 2003년 이후 18년 동안 미국 주식시장이 강력한 상승세를 보였고, 특히 테슬라를 비롯한 기술주들이 놀라운 상승세를 보였기 때문일 것입니다. 결론부터 말하자면, '올인' 투자를 하지 않는 게 바람직합니다. 2008년이나 2020년처럼 경기 불황이 닥치면 미국 주식시장도 폭락할 수 있기 때문입니다.

먼저 2008년 글로벌 금융위기 당시, 한국 코스피 지수의 고점 대비 하락률이 무려 54.5%에 달했습니다(2007년 10월 31일부터

2008년 10월 24일). 그런데 당시 금융위기 때 미국 스탠더드앤드푸어스500(S&P500) 지수의 하락률은 56.8%였습니다(2007년 10월 9일부터 2009년 3월 9일). 물론 이 금융위기가 미국에서 발생했기에 미국 주식시장의 하락률이 굉장히 컸던 것을 감안할 필요가 있습니다. 미국이 한국에 비해 주식시장의 등락률이 상대적으로 안정적이라고 하더라도, 이처럼 금융위기가 닥칠 때는 미국도 만만찮은 충격을 각오해야 합니다.

이번에는 2020년 봄에 발생한 '코로나 쇼크' 때의 상황을 비교해보겠습니다. 코로나 쇼크가 본격화되기 시작했던 2020년의 상황만 살펴보더라도, 미국 S&P500 지수의 고점 대비 하락률은 34.0%에 이릅니다(2020년 2월 19일부터 2020년 3월 23일). 단 한 달만에 이 정도까지 하락했으니, 얼마나 주식시장의 변동성이 큰지잘 알 수 있습니다. 참고로, 2020년 초에 한국 코스피 지수의 하락률은 35.7%로 미국보다 조금 더 컸습니다(2020년 1월 22일부터 2020년 3월 19일).

이러한 현상이 나타나는 이유는 앞에서 설명한 바 있듯이 채찍효과 때문입니다. 소비자들의 지출이 조금만 위축되어도 채찍(즉 공급사슬망)의 끝에 위치한 기업들은 큰 피해를 봅니다. 이때 채찍의 끝부분에 위치한 한국보다 채찍의 중간 부분에 위치한 미국기업들이 상대적으로 덜 위험할 수는 있습니다. 하지만 '안전하다'고는 절대 단언할 수 없습니다.

그렇다면 달러 자산은 어떻게 투자하는 것이 좋을까요? 연봉 실수령액이 약 5,000만 원인 35세 맞벌이 부부의 예를 들어 투자 행동계획(Action Plan)을 짜보겠습니다. 맞벌이 부부인 만큼 소비 성향이 상대적으로 높다는 점을 고려해 연 1,500만 원을 저축한다고 가정하고, 연 1% 수익을 보장하는 예금 상품에 복리 투자한다면, 20년 뒤에는 3억 3,000만 원이 됩니다. 이때 저축 원금이 3억 원이므로 단 10%가 불어났다고 볼 수 있습니다.

가정을 달리해서, 매년 달러로 저축하다가 5년쯤마다 찾아오는 금융위기 때 원화로 환전한다고 해봅시다. 즉 달러 외화예금에 가입해 연 1%의 수익을 올리다, 5년에 한 번 달러에 대한 원화 환율이 30% 올랐다가 다시 원상 복귀하는 경우를 생각해보는 것입니다. 이를테면 2021~2024년에는 달러에 대한 원화 환율이 1,000원이었다가, 2025년에 잠깐 1,300원이 되는 식이지요. 이때 앞에서 살펴보았던 지식을 활용해, 환율이 급등할 때 원화로 환전해 차익을 실현한 후, 환율이 1,000원으로 복귀하면 달러 외화예금을 가입하는 전략을 꾸준히 실행하는 것입니다. 이런 식으로 20년을 운용하면 3억 원의 원금이 6억 4,000만 원으로 불어납니다(이는 5년마다 금융위기가 발생하고, 이때마다 환차익을 얻었다는 가정에서 획득한 결과입니다).

하지만 이런 전략은 비현실적입니다. 5년마다 칼같이 환전하기란 쉽지 않기 때문이지요. 금융위기 때 원화를 매입하면서 1%의 이자를 제공하는 은행 예금에 가입하는 것도 이상합니다. 따라서 5년이 아니라 10년에 한 번만 보유하고 있던 달러를 원화로 환전하고, 대신 한국의 주식이나 부동산을 매입해 30% 이익을 낸다고 가정해보겠습니다. 이렇게 하면 20년 동안 두 번만 실행해서 투자해도 총 투자금이 7억 1,000만 원으로 불어납니다.

위 맞벌이 부부를 위한 투자 사례가 보여주는 핵심은 다음과 같습니다. 20년 동안 매년 저축액이 1원도 늘어나지 않는다고 가정하더라도, 달러 자산에 투자했다가 원화로 갈아타는 이른바 '스위칭 전략'을 시행하면 투자 원금이 두 배 이상으로 불어납니다. 게다가 종잣돈이 조금이라도 있었거나 혹은 매년 저축액을 더 늘렸다면 투자 성과는 더욱 크게 불어났을 것입니다.

이러한 스위칭 전략을 활용하면 좋은 점이 하나 더 있습니다. 그것은 은퇴 시기가 자동으로 결정된다는 것입니다. 즉 5년 또는 10년에 한 번 환율이 급등하는 시기에 원화로 투자하며 성과를 올리는 순간, 꿈꿔왔던 대로 직장을 그만둘 수 있습니다. 환차익이 극대화되고, 한국 자산이 값싸게 거래될 때가 은퇴하기 가장 좋은 때라는 의미입니다.

달러와 암호화폐의 전쟁을 주목하자

2017년 이후로 지금까지 암호화폐(가상화폐)의 열풍이 이어지고 있습니다. 최근에 이 책 출간을 위한 초고를 읽어본 큰아들마저 "왜 책에 암호화폐 이야기를 넣지 않나요?"라고 의견을 주어, 간략하게나마 암호화폐에 관한 내용을 다뤄보자 마음먹었습니다.

암호화폐에 대한 여러 주장 가운데 중앙은행의 지폐 살포로 빚어질 인플레이션 위험에 대비하는 좋은 수단이 될 수 있다는 의견에 대해서는 저 역시 상당 부분 동의합니다. 2008년 글로벌 금융위기 이후 양적 완화와 제로금리 정책, 심지어 상장지수펀드 투자까지 중앙은행이 전방위적으로 현금을 살포하는 것이 미래 인플레이션의 위험을 높일 수 있다는 우려는 타당한 주장이라고 생각합니다.

그런데 역사를 전공한 입장에서 볼 때 특정 종류의 암호화폐에만 투자하는 것은 반대합니다. 왜냐하면 시계를 200년 전으로 돌려보면, 미국의 달러화가 세계의 기축통화가 되리라고 생각한 사람은 단 한 명도 없었을 것이기 때문입니다. 기축통화를 보유한 국가는 경쟁 잠재력을 가진 나라(또는 세력)를 절대 가만두지 않습니다. 즉 새로운 기축통화로서 영향력을 넓혀가고 있는 암호화폐에 힘을 실어주지 않을 것이라는 뜻입니다. 아니면 제도 안에 정착하도록 설계된 종류의 암호화폐만 제한적으로 허용하는 형태가 될 수 있을 것입니다.

미래의 기축통화를 점치는 것이 얼마나 어려운지 가장 잘 보여주는 사례가 1812년의 '미영전쟁'입니다. 당시 영국은 나폴레옹이 다스리던 프랑스와 15년 넘게 전쟁(1799~1814년)을 치르며 프랑스 선박의 해외 이동을 철저하게 봉쇄했는데, 이 과정에서 신생국인 미국의 통상 활동도 많은 피해를 입었습니다. 영국 해군이 미국 동부 해안을 돌아다니며 미국 국적의 배를 수색하고, 선원을 가두고, 화물을 압수하는 등의 행패를 부렸기 때문입니다. 이에 미국인들은 당장이라도 영국과 전쟁하기를 원했지만, 승리할 자신이 없었던 토머스 제퍼슨(Thomas Jefferson) 대통령은

1807년 12월에 수출입 금지 조례를 통과시키기에 이르렀습니다. 영국에게 계속 괴롭힘을 당할 바에야 아예 배를 바다에 띄우지 말자고 결정한 것입니다. 그러나 대서양과 태평양이라는 거대한 바다를 가진 미국이라는 나라가 해외의 다른 나라와 교역을 하지 않기란 대단히 어려운 일이었습니다. 실제로 미국은 무역 봉쇄 조치로 연간 5% 이상의 국내총생산 손실을 입었다고 기록되고 있습니다.

그런 와중에 견디다 못한 미국은 1812년에 영국과의 전쟁을 선포하기에 이릅니다. 그러나 전쟁을 선포한 타이밍이 좋지 않았지요. 왜냐하면 1814년에 나폴레옹과의 전쟁이 끝나자마자, 영국 해군이 대거로 미국을 침공했기 때문입니다. 당시 수도 워싱턴이 불타는 상황에서 대통령이 피신하는 소동까지 벌어졌습니다. 다행스러운 것은 영국도 미국과의 전쟁을 오랫동안 지속할 여력이 없었다는 점입니다. 나폴레옹과의 전쟁에서 큰 피해를 입었기에, "전쟁이 끝나자마자 또 전쟁을 할 때냐"라는 반전 여론을 무시할 수 없었던 것입니다.

이런 역사적 사례에서 알 수 있듯이, 어떤 나라가 새로운 패권을 쥐게 될지 예측하는 일은 대단히 어렵습니다. 그리고 패권 국가 입장에서 잠재적 경쟁자를 견제하는 것은 당연한 일입니다. 최근 미국 재무장관인 재닛 옐런(Janet Yellen)은 향후 기축통화

역할을 할 잠재력이 있는 암호화폐를 견제하고, 그 위협을 차단하고자 하는 취지로 다음과 같은 의미심장한 발언을 한 바 있습니다. "우리는 사기, 돈세탁, 데이터 보안, 테러 자금 조달 등의 리스크가 폭발하는 시기에 살고 있으며, 신종 코로나바이러스 확산으로 삶이 온라인 쪽으로 옮겨가면서 범죄도 함께 온라인으로 옮겨가고 있다. (…) 암호화폐와 가상 자산의 잘못된 사용이 점점 증가하고 있다."

정리하자면, 암호화폐에 '올인' 하여 투자하는 것은 반대합니다. 하지만 먼 미래에 주도적인 위치를 점하고 이에 따라 놀라운 가치 상승을 기대할 수 있다는 점을 고려하여, 달러 자산을 보유하면서 분산투자의 한 방법으로 소량의 암호화폐에 투자하는 것을 권합니다.

다수의 경제학자와 달리 제가 암호화폐 투자를 반대하지 않는 이유는, 어떤 화폐도 실질적인 가치에 기반하지 않기 때문입니다. 역사학자 유발 하라리(Yuval Harari)가 그의 베스트셀러 《사피엔스(Sapiens)》에서 지적했듯이, 사람들은 실제로 존재하지 않는 것을 믿는 특성이 있습니다. 1971년 닉슨 쇼크 이후, 종이돈의 가치를 보장해주는 장치가 끊겼던 것이 대표적인 사례일 것입니다. 1971년 이전까지 금 1온스는 35달러로 교환되고, 또 35달러는 언제든지 금 1온스로 지급보증이 되었습니다. 그러나 리처드 닉슨(Richard Nixon) 대통령은 '달러와 금의 교환제도 폐지'를 선언했습니다. 종이 화폐의 가치를 보증하는 것은 사람들의 믿음뿐인 셈입니다. '미국 달러는 기축통화이니 안전할 거야'라고 생각하는 사람들의 믿음이 불황에 달러의 가치를 상승시키는 요인으로 작용하는 것입니다.

따라서 달러에 대한 신뢰가 훼손될 때마다 암호화폐를 보유하려는 동기가 높아질 수 있는 만큼, 분산투자의 대상으로 암호화폐가 고려될 수 있다고 봅니다.

MONEY TALK

주택구입부담지수로 본
주택시장 버블 수준

주택 가격이 계속적으로 상승하다 보면, 주택을 구입할 수 있는 여력이 점차 고갈되어 결국 수급 균형이 무너집니다. 다시 말해서 현재 대다수 한국 가구는 급격히 상승하는 주택 가격을 더 이상 감당하기 어렵다는 의미입니다. 그럼 주택 가격의 수준을 어떻게 측정할 수 있을까요? 바로 '주택구입부담지수'라는 지표로써 주택 구입에 대한 여력을 알아볼 수 있습니다. 주택구입부담지수는 말 그대로 각 지역의 중위소득 가구가 대출을 받아 주택을 구입할 때 얼마나 큰 부담을 지는지 측정한 지수(즉 상환 부담을 나타내는 지수)입니다.

예를 들어 주택구입부담지수가 100포인트라면, 이는 중위소득 가구가 해당 지역 중앙가격의 아파트를 구입할 때 소득의 25%를 주택 구입 원리금 상환 및 이자 지출에 사용한다고 볼 수 있습니다. 즉 주택구입부담지수 100포인트는 '적정 수준'을 나타낸다고 볼 수 있지요. 그런 면에서 보면, 지난 2020년 1분기 기준으로 '전국' 주택구입부담지수는 49.7포인트를 기록하고 있으니, 주택 구입 부담이 낮다고 볼 수 있습니다. 반면에 '서울'은 상황이 크게 다릅니다. 서울의 주택구입부담지수가 132.2포인트까지 상승했기 때문입니다. 즉 적정 수준보다 32%나 더 많은 주택 구입 부담을 지고 있는 것으로 볼 수 있습니다.

과거 2008년에 기록했던 164.8포인트의 고점 수준까지는 아직 갈 길이 멀지만, 2020년과 같은 급등세가 지속된다면 머지않아 이 고점 수준에 도달하지 않을까 생각됩니다. 2020년 한 해 동안 서울 아파트 가격은 무려 12.3%나 급등한 바 있기 때문입니다. 2020년 4분기 서울의 주택구입부담지수는 153.4포인트까지 상승했습니다.

정리하자면, '전국' 기준으로는 부동산 가격이 고평가되었다고 보기는 어렵습니다. 한편 '서울' 지역은 최근 부동산 가격의 급등 영향으로 점점 '경계' 국면에 진입하고 있는 것만은 분명해 보입니다.

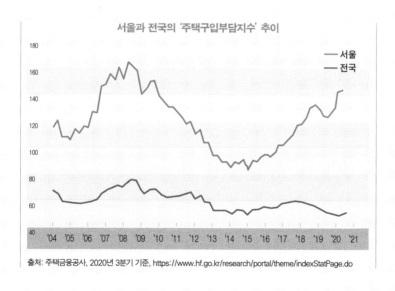

서울과 전국의 '주택구입부담지수' 추이

출처: 주택금융공사, 2020년 3분기 기준, https://www.hf.go.kr/research/portal/theme/indexStatPage.do

투자의 시대, 돈 좀 굴려봅시다

MONEY TALK

미국 국채 수익률과
한국 증시의 관계

2장에서 미국 국채에 투자하는 상장지수펀드(ETF) 투자전략을 설명했는데, 여기서는 그 성과에 대해 간략하게 짚어보겠습니다. 1981년에 미국 국채에 100만 원을 투자한 후 꾸준히 유지했다고 가정하면, 2020년에 이 금액은 2,700만 원이 됩니다. 연 수익률로 환산하면 8.9%이니 대단히 높은 성과라고 할 수 있습니다. 반면에 한국 주식에 같은 기간 동안 100만 원을 투자하고 유지했다면, 2020년에 이 금액은 1,700만 원이 되어 있을 것입니다. 한국 주식의 연평균 수익률도 7.62%로 상당히 높지만, 미국 국채에는 미치지 못합니다.

이 사례에서 알 수 있듯이, 미국 국채는 매우 수익률이 높은 자산입니다. 그러면 어떨 때 미국 국채의 수익률이 좋아질까요? 이를 살펴보면 아주 흥미로운 점을 발견할 수 있습니다. 그것은 1998년, 2008년, 그리고 2020년처럼 한국 주식시장이 큰 어려움에 처할 때마다 미국 국채가 놀라운 성과를 보였다는 것

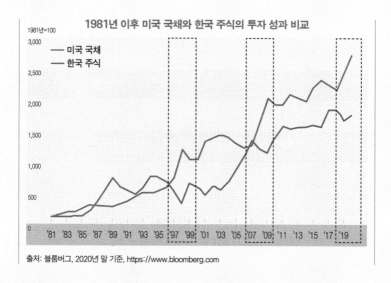

1981년 이후 미국 국채와 한국 주식의 투자 성과 비교

1981년=100

— 미국 국채
— 한국 주식

출처: 블룸버그, 2020년 말 기준, https://www.bloomberg.com

입니다. 즉 해당 연도의 수익률은 각각 63%, 31%, 그리고 11%에 이릅니다. 앞에서 왜 달러 자산에 투자하라고 권했는지 알 수 있는 대목입니다. 한국 주식 등 원화 자산의 가치가 급락할 때, 이전에 투자해 놓았던 달러 표시 국채는 큰 성과를 올리고 있을 것입니다. 물론 국내 자산이 매우 저평가되었다고 생각될 때는 달러 표시 국채를 전액 매각해 투자할 수도 있습니다. 사실 과거에는 이런 전략을 실행할 수는 없었습니다. 개인의 해외 채권 투자가 불가능했으니까요. 그러나 2000년대에 접어들면서 다양한 상장지수펀드가 출시되며 이런 어려움이 사라졌습니다. 이제는 편하게 미국 국채에 투자할 수 있고, 환율이 치솟고 채권 가격이 급등할 때 차익을 실현하는 전략을 실행할 수도 있게 되었습니다.

투자의 시대, 돈 좀 굴려봅시다

MONEY TALK

국내에 상장된 미국 국채 상장지수펀드 알아보기

달러 자산 투자에 관심이 생겼다면, 가장 먼저 찾아봐야 할 사이트는 네이버의 '상장지수펀드(ETF)'입니다. 네이버 검색창에 '상장지수펀드'라고 입력하면, 여러 ETF 상품과 함께 국내에 상장된 '미국 국채 상장지수펀드'도 찾아볼수 있습니다.

다음 표(101쪽 표 참조)에서 박스 표시된 것은 제가 추천하는 'TIGER 미국채 10년선물(305080)'입니다. 이 상품을 조사한 결과, 미국의 채권지수를 잘추적하는 것을 확인할 수 있었습니다. 참고로, 상품 이름에 '선물'이 들어가 있다고 해서 놀랄 필요는 없습니다. 원자재 선물 등과 달리 국채 선물은 거래량이많고, 또 선물투자 과정에서 발생하는 비용이 적어 위험이 낮은 편에 속하기 때문입니다.

그런데 한 가지 유의할 점이 있습니다. TIGER 미국채 10년선물 상품은 국내

네이버의 상장지수펀드(ETF)

전체 | 국내 시장지수 | 국내 업종/테마 | 국내 파생 | 해외 주식 | 원자재 | **채권** | 기타

종목명	현재가	전일비	등락률	NAV	3개월수익률	거래량	거래대금(백만)	시가총액(억)
KODEX 단기채권	102,810	0	0.00%	102,812	+0.14%	5,577	573	19,918
KODEX 종합채권(AA-이상)액…	109,140	▼ 100	-0.09%	109,089	-0.66%	1,291	140	13,525
TIGER 단기통안채	100,175	▲ 5	0.00%	100,171	+0.12%	262	26	13,146
KODEX 단기채권PLUS	103,100	▲ 5	0.00%	103,105	+0.17%	440,176	45,382	12,046
KODEX 국채선물10년인버스	46,985	▲ 5	+0.01%	47,080	+1.40%	340	15	3,016
TIGER 단기채권액티브	50,100	0	0.00%	50,099	+0.15%	628	31	2,118
KBSTAR 단기통안채	104,410	▼ 5	0.00%	104,417	+0.18%	22,794	2,380	1,919
HANARO 단기통안채	103,040	0	0.00%	103,047	+0.13%	0	0	1,844
KOSEF 국고채10년	120,850	▼ 180	-0.15%	120,835	-1.14%	459	55	1,752
KINDEX 단기통안채	100,280	▲ 5	0.00%	100,276	+0.13%	201	20	1,653
KBSTAR 중기우량회사채	105,505	0	0.00%	105,487	+0.16%	1	0	1,224
KODEX 단기변동금리부채권…	102,525	0	0.00%	102,530	+0.13%	0	0	1,139
KBSTAR 단기국공채액티브	102,020	▲ 5	0.00%	102,015	+0.26%	2,210	225	1,106
KODEX 국고채3년	58,110	▲ 10	+0.02%	58,093	-0.02%	232	13	907
SMART KIS단기통안채	100,295	0	0.00%	100,292	+0.13%	11	1	740
TIGER 중장기국채	52,380	▼ 75	-0.14%	52,404	-0.57%	1,462	76	639
TIGER 국채3년	111,105	▼ 5	0.00%	111,078	+0.09%	89	9	633
KBSTAR 금융채액티브	103,520	▲ 45	+0.04%	103,492	+0.11%	31	3	611
TIGER 미국달러단기채권액티브	9,585	▲ 15	+0.16%	N/A	+1.22%	9,798	93	503
TIGER 미국채10년선물	11,390	▲ 10	+0.09%	N/A	-1.30%	4,299	48	490
KOSEF 단기자금	101,070	0	0.00%	101,066	+0.18%	781,050	78,940	489
KOSEF 통안채1년	101,300	▲ 10	+0.01%	101,297	+0.22%	6,018	609	456
KBSTAR 중장기국공채액티브	103,840	▲ 10	+0.01%	103,787	-0.35%	1	0	428
KINDEX 국고채3년	107,150	▼ 5	0.00%	107,119	+0.07%	1	0	418
KINDEX KIS종합채권(AA-이상…	98,670	▲ 40	+0.04%	98,581	-0.94%	1	0	345

출처: 네이버의 ETF, 2021년 4월, https://finance.naver.com/sise/etf.nhn

에서는 별로 인기가 없어서 하루 거래대금이 6.5억 원 정도에 불과하다는 것입니다. 물론 몇백만 원 혹은 몇천만 원 규모로 투자할 때는 별 문제가 없는데, 수억 원 규모로 투자하는 사람들이라면 이 상품은 적합하지 않습니다. 게다가 상당한 거액의 자금을 운용하는 사람들의 경우 '금융종합과세'도 문제가 되므로, 이들은 해외투자를 선택하는 것이 더 낫습니다.

etfdb.com의 상장지수펀드(ETF)

Symbol	ETF Name	Total Assets*	YTD	Avg Volume	Previous Closing Price	1-Day Change	Overall Rating
SHY	iShares 1-3 Year Treasury Bond ETF	$19,685,400.00	-0.02%	2,865,392.0	$86.29	0.02%	🔒
GOVT	iShares U.S. Treasury Bond ETF	$15,433,000.00	-2.88%	5,379,688.0	$26.40	-0.04%	🔒
SHV	iShares Short Treasury Bond ETF	$15,089,000.00	-0.02%	2,027,208.0	$110.51	0.00%	🔒
IEF	iShares 7-10 Year Treasury Bond ETF	$14,256,100.00	-4.31%	7,521,654.0	$114.57	0.05%	🔒
TLT	iShares 20+ Year Treasury Bond ETF	$14,217,500.00	-11.05%	14,536,573.0	$139.78	0.20%	🔒
BIL	SPDR Barclays 1-3 Month T-Bill ETF	$12,204,800.00	-0.03%	1,229,879.0	$91.49	0.00%	🔒
IEI	iShares 3-7 Year Treasury Bond ETF	$11,413,800.00	-1.59%	1,452,292.0	$130.63	0.01%	🔒
VGSH	Vanguard Short-Term Treasury ETF	$11,049,700.00	0.02%	1,866,965.0	$61.54	-0.16%	🔒
SCHO	Schwab Short-Term U.S. Treasury ETF	$7,930,980.00	-0.03%	1,156,881.0	$51.30	0.00%	🔒
VGIT	Vanguard Intermediate-Term Treasury ETF	$7,294,120.00	-2.13%	889,284.0	$67.75	0.01%	🔒

출처: etfdb.com의 ETF, 2021년 4월, https://etfdb.com/etfdb-category/government-bonds/

해외에 상장된 미국 국채 상장지수펀드에 대한 정보를 얻으려면, 구글에 'US Bond ETF'를 검색하면 됩니다. 그러면 여러 사이트가 뜨는데, 저는 그중에서 'etfdb.com'을 선호합니다. 이 사이트에 들어가면 여러 미국 국채 상장지수펀드를 살펴볼 수 있는데, 거래량만 봐도 대단하다는 것을 확인할 수 있습니다. 하루 평균 200만 주에서 600만 주 가까이 거래되는 상품이 즐비합니다. 따라서 개인의 매매로 인해 가격이 출렁거릴 위험은 거의 없다고 봐도 좋습니다.

이 상품들 가운데 저는 'IEF'에 투자하고 있습니다. 오래전부터 눈여겨보며 알고 있던 상장지수펀드일 뿐만 아니라, 시장에서 가장 거래가 많은 10년 전후의 채권에 투자하는 펀드여서 선택했습니다. 물론 일간 거래량이 제일 많은 펀드라는 점도 이 상품을 선택한 이유이기도 합니다. 독자 여러분도 달러 자산 투자에 관심이 있다면, 증권사에서 해외증권 계좌를 개설하여 미국 국채 상장지수펀드 투자에 한번 도전해보기를 권합니다.

CHAPTER 3

한국 주식
살까, 말까?

한국 증시는 왜 이렇게
널뛰기를 할까?

제 유튜브 채널(홍춘욱의 경제강의노트)의 구독자들이 남겨준 수많은 댓글 가운데 자주 눈에 띄는 질문은 "한국 주식에 투자하는 선택지는 없나요?"라는 글입니다. 이 질문에 대한 솔직한 저의 답변은 다음과 같습니다.

"가능하지만, 한국 주식을 추천하지는 않습니다."

제가 한국 주식에 비관적인 견해를 갖고 있는 이유는, 한국 주식시장의 수익률이 아주 극단적인 분포를 보이기 때문입니다. 여기서 분포란, 수익률이 어떤 패턴을 나타내는지 펼쳐 놓은 것을 말합니다. 다음의 그래프는 1981년부터 2020년까지 코스피의 연 수익률이 몇 퍼센트 수준에 집중적으로 몰려 있는지 보여줍니다. 한눈에 알 수 있듯이, 한국 주식시장의 수익률은 '종(鍾)' 모양으로 퍼져 있지 않습니다. 평균을 중심으로 좌우대칭을 이루기보다는 왼쪽에 더 치우친 비대칭 모양입니다. 즉 -10~0%의 수익률을 기록하는 경우가 가장 빈번합니다. 한국 주식에 투자하면 10년 중에 4~5년은 마이너스 성과를 기록할 것을 각오해야 한다는 것입니다.

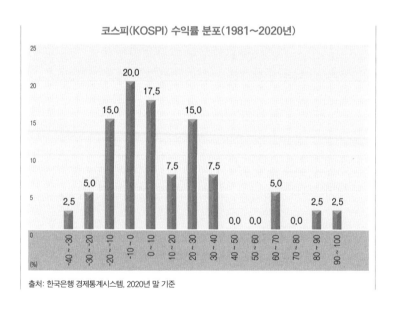

출처: 한국은행 경제통계시스템, 2020년 말 기준

그런데 이 그래프를 보고 '마이너스 수익이 출현할 확률이 이렇게 높은데, 한국 주식시장의 평균 수익률이 높은 것은 어떤 이유 때문일까?'라고 의문을 가질 수 있을 듯합니다. 이 질문에 답하자면, 아주 극단적인 성과를 거둔 4년(1986년, 1987년, 1988년, 1999년) 덕분이라고 말할 수 있습니다. 하지만 이 가운데 세 번은 1980년대의 일이라는 것에 주목할 필요가 있습니다. 1990년 이후로 수익률을 한정해서 살펴보면, 코스피 연 수익률은 '2.7%'로 떨어집니다. 물론 주식시장이란 오를 때도 있고 내릴 때도 있기에, 언제 다시 1980년대와 같은 대세 상승 장세를 맞이할 수도 있습니다. 다만 이 기대를 품고 한국 주식에만 투자하기에는 여러모로 걸리는 점이 많다는 것을 알아두어야 합니다.

최근의 급등락 장세는 수익률이 어떻게 되는지 궁금한 사람들이 있을 것 같아 언급하자면, 2020년의 코스피 주가 상승률은 5.41%였습니다. 왜냐하면 2019년에 연평균 코스피 지수는 2,106포인트인 반면, 2020년에는 2,220포인트를 기록했기 때문입니다. 즉 2020년 3월에 폭락했다가 이후 반등한 결과 연평균 주가는 2019년과 큰 차이가 없는 것처럼 보인 것입니다.

그러면 한국 주식시장은 왜 안정적이지 못할까요? 그것은 다음의 두 가지 요소가 함께 영향을 끼치기 때문입니다. 우선, 첫 번째 요소는 한국 경제의 구조적인 문제입니다. 2장에서도 설명한 바와 같이, 한국이 채찍의 끝에 있는 나라이기에 수출의 변화 폭이 대단히 큽니다. 2008년 글로벌 금융위기 이후 통계를 보면 이를 분명히 알 수 있습니다. 2009년의 수출 증가율은 -13.9% 였는데, 2010년에는 +28.3%로 증가했습니다. 최근에도 마찬가 지입니다. 2015년에는 수출이 -8.0%를 기록했는데, 2016년에는 +15.8%를 기록했습니다. 이렇게 수출 변동이 일상적으로 나타 나는데 기업의 실적도 영향을 받지 않을 수 없습니다.

기본적으로 기업들은 매출을 올리기 위해 많은 기계설비와 노 동자, 그리고 물류센터를 준비해 놓고 있습니다. 그런데 수출이 갑자기 감소하면 기업 입장에서 고정비용은 계속 나가기 때문에 실적이 악화될 수밖에 없습니다. 물론 우량 기업들은 적자까지는 이르지 않을 것입니다. 그러나 삼성전자의 순이익도 2017년에 58.9조 원에서 2018년에는 27.8조 원으로 거의 반 토막 났고, 이 때 고점 대비 주가 하락률이 30%에 달했습니다.

여기에 두 번째 문제도 영향을 미칩니다. 그것은 한국의 기업 문화와 주식시장 풍토입니다. 여기서 한국 기업의 풍토를 파악하 는 데 가장 도움이 되는 수치는 바로 '배당수익률'입니다. 배당수 익률이란, 주당 배당금에서 주가를 나눈 것을 의미합니다. 2020 년 말 기준 한국 주식시장의 배당수익률은 약 1% 초반대입니다. 물론 2020년은 경제 여건이 매우 좋지 않았으므로 배당수익률이 낮더라도 이해할 수 있습니다. 그러면 2000년부터 2019년까지 한국 주식시장의 연평균 배당수익률은 얼마일까요? 이는 1.7%로 세계 최저 수준입니다. 2019년 세계 주요국의 배당수익률을 살펴보면 영국이 4.77%, 호주가 4.43%, 미국이 1.83%를 기록했습니다. 한국처럼 이렇게 배당수익률이 낮으면 투자자들이 기업에 장기간 투자해서 얻는 이익이 별로 없습니다. 안정적인 소득이 확보되어도 주식 가격의 급등락을 견디기 힘든데, 배당수익률이 1% 안팎에 불과하다면 굳이 주식에 투자할 이유가 없을 것입니다.

따라서 한국 주식에 100% 투자하지 말고 미국 채권 등에 분산하여 투자하는 것이 수익률은 높이고, 투자 위험을 낮출 수 있는 방법입니다. 물론 아무리 분산투자해도 위험을 완전히 제거할 수는 없습니다. 하지만 일체의 위험을 피하려 노력하는 것이야말로 투자 세계에서는 가장 위험한 선택이 될 수도 있습니다. 어떤 위험도 지지 않으려 애쓸수록 투자 성과는 낮아지기 때문입니다. 예컨대 은행 예금이 가장 안전한 투자 대상일 수 있지만, 소비자물가 상승률을 밑도는 초저금리 환경에서는 오히려 실질적인 손실로 이어질 수 있다는 것을 염두에 두어야 합니다. 그렇기에 분산투자를 통해 위험 수준을 어느 수준(예를 들어 10년에 한 번 마이너스 수익률)에서 통제하는 한편, 주식투자에서 기대할 수 있는 수익률을 노리는 방향으로 투자하기를 권유하는 것입니다.

배당을 높여야
한국 증시가 산다

기업이 배당을 주는 것은 과거에 잘했던 것처럼 미래에도 돈을 잘 벌 수 있다는 자신감을 피력하는 것이라고 볼 수 있습니다. 그렇기에 배당은 주가에 긍정적으로 반영되는 경향이 있고, 개인투자자들이 알기 어려운 기업의 잠재된 리스크에 대한 나침반 역할을 해주기도 합니다.

그럼 배당의 긍정적인 영향에도 불구하고, 한국은 왜 이렇게 배당수익률이 낮을까요? 가장 직접적인 이유는 한국 기업들의 지배주주 지분율이 상당히 낮기 때문입니다. 실제로 한국의 64개 대규모 기업집단을 기준으로 살펴볼 때, 총수 일가의 지분은

3.6%에 불과합니다. 이렇게 낮은 지분율로 기업의 지배주주 역할을 수행할 수 있는 것은 지주회사의 설립이나 계열사의 주식 보유, 그리고 자사주 매입 등을 통해 우호 지분을 확보했기 때문입니다. 하지만 그로부터 다양한 문제가 발생합니다. 가장 큰 문제는 이해관계가 달라진다는 것입니다. 회사가 성장하기 위해서는 밑천이 필요합니다. 그래서 창업 초기에는 지배주주뿐만 아니라 다른 주주들로부터 돈을 투자 받아서 사업을 추진합니다. 그러나 어느 정도 사업이 본궤도에 오르면 주주들에게 배당이라는 형태로 보상을 지급하는 것이 일반적입니다.

여기서 문제는 지배주주의 지분율이 낮고, 기타 주주들의 힘이 분산되어 있을 때 발생합니다. 지배주주 입장에서 배당금을 지급하는 순간, 회사가 보유한 현금이 외부로 유출되는 것이나 다름없기 때문입니다. 회사 내에 현금이 있었다면 다양한 방법을 통해 영향력을 행사할 수 있을 텐데, 배당금으로 지급되면 지분율만큼만 배당 받으니 손해를 본 것처럼 느낄 수 있습니다.

게다가 한국은 자산의 배당과 관련하여 세금이 대단히 높은 편입니다. 현재 배당소득이 2,000만 원이 넘으면 종합소득에 합산되어 최고 46.4%의 고세율로 과세가 책정됩니다. 따라서 한국의 지배주주들은 배당 지급을 기피할 수밖에 없습니다. 대신 회사에서 자신의 영향력을 확대해 이익을 극대화하곤 합니다. 이것을

'터널링(tunneling)'이라고 합니다. 말 그대로 회사 밑에 터널을 파서 회사의 이익을 빼내는 것을 말합니다.

물론 이런 일이 한국에서만 벌어지지는 않습니다. 미국에서도 비일비재했습니다. 오레오 쿠키와 살렘(salem) 담배로 유명한 소비재 회사인 RJR나비스코(RJR Nabisco) 사례가 대표적입니다. 브라이언 버로(Bryan Burrough) 등이 공저한 《문 앞의 야만인들(Barbarians at the Gate: The Fall of RJR Nabisco)》은 RJR나비스코의 이야기를 다루는데, 일부를 발췌하면 다음과 같습니다.

> (RJR나비스코의 최고경영자) 로스 존슨(F. Ross Johnson)은 최고 경영진에게는 회사 돈으로 아파트를 제공하고, 매디슨 스퀘어 가든의 VIP 관람석을 제공하고, 또 컨트리클럽의 회원권을 제공했다. 코네티컷에서 한 컨트리클럽이 새로 문을 열었는데, 골프장을 만든 사람들이 존슨의 친구였던 관계로 스탠더드 브랜즈(Standard Brands)의 고위 간부들 가운데 24명이 이곳의 회원권을 가졌다. 또한 존슨은 팁으로 줄 돈을 언제나 두둑이 챙겨서 다녔다. 한 해에 팁을 주고받는 일이 가장 많은 때가 크리스마스다. 그래서 존슨은 이때가 되면 비서에게 이렇게 말했다. "50짜리로 1인치 준비해줘, 알았지?"

이 글만 봐도 당시 RJR나비스코는 가히 경영자들의 천국이라고 볼 수 있었습니다. 그러나 RJR나비스코 사례와 한국의 상황을 살펴보면 한 가지 차이점이 있는데, 그것은 바로 기업 인수합병(M&A)입니다. 세계적 사모펀드인 콜버그 크래비스 로버츠 앤드 컴퍼니(KKR, Kohlberg Kravis Roberts & Co.)가 치열한 경쟁 끝에 RJR나비스코를 인수해 대대적인 구조조정을 단행했기 때문입니다. RJR나비스코는 1988년 KKR에 인수된 뒤에 큰 변화를 겪었고, 최고경영자의 터널링은 자취를 감추었습니다.

그러나 한국에서 기업 인수합병은 쉽지 않은 일입니다. 일례로 얼마 전 한국을 대표하는 항공사를 둘러싼 경영권 공방이 결국 지배주주에게 유리한 방향으로 흘러간 일이 떠오릅니다. 물론 저는 적대적 인수합병이 무조건 올바른 일이고, 투자자들에게 유리하다고 주장하려는 것은 아닙니다. 다만 지배주주가 장악한 회사를 대상으로 기업 인수합병 등과 같은 외부의 압박은 재무 정책을 변화시킬 수 있는 촉매가 되는 경우가 잦다는 것입니다. 적대적 세력으로부터 자신의 경영권을 확보하고, 우호적인 주주들을 확보하기 위해 배당을 확대하거나 자사주 매입 등의 정책을 활용할 여지가 생길 수 있다는 뜻입니다.

삼성전자 같은 우량주에
장기투자하면 대박 날까?

한국 주식시장의 현실을 살펴보면서, 주식투자가 정말 어려운 일이라고 느꼈을 것 같습니다. 그렇지만 앞에서 다룬 이야기를 '한국 주식에 절대 투자하지 말라'는 뜻으로 받아들이지는 않았으면 좋겠습니다. 저는 한국 주식시장이 앞으로 상당히 매력적인 투자처가 될 것이라고 생각합니다. 특히 채찍 효과 덕분에 수출 전망이 개선되는 호황 국면에는 강력한 상승세를 기록할 것이라고 예상합니다.

다만 국내 증시에서 기계적으로 종목을 고르는 것을 반대할 뿐입니다. 예를 들어 주식시장에서 가장 유명한 기업에 집중 투자하는 것이 그것입니다. 인터넷 커뮤니티 등에서 "주식을 고를 때 고민할 필요가 뭐가 있나? 삼성전자만 사서 묻어두면 돼"라는 이야기를 들을 때면 마음이 불편합니다. 왜냐하면 투자 세계에서 '고민이 필요 없다'는 말이 들릴 때가 항상 전환점이었기 때문입니다. 물론 제 생각이 틀릴지도 모릅니다. 삼성전자를 필두로 한 한국의 우량주에 집중 투자를 해놓으면 10년이 지나서 큰 성과를 거둘 수도 있겠지요. 그러나 이 같은 주장은 과거 한국 주식시장의 역사에 비춰볼 때 적절한 답이 아닙니다.

예컨대 6년 전으로 거슬러 올라가 2015년에 한국을 대표하는 '톱 10종목'에 투자했다면 지금 이 주식들은 어떻게 되었을까요? 이에 답하자면, 2015년 톱 10종목 중에 단 5개 종목만 지금 '톱 10'의 자리를 누리고 있습니다(삼성전자, 현대차, SK하이닉스, LG화학, NAVER). 반면에 당시 톱 10종목이었던 한국전력과 삼성물산, 아모레퍼시픽, 현대모비스, 삼성생명은 그 자리를 지키지 못했습니다. 이번에는 시계를 14년 전인 2007년으로 돌려볼까요? 당시 톱 10종목 중에 현재 그 위치를 지키고 있는 것은 단 2개 종목뿐입니다(삼성전자, 현대차). POSCO와 신한금융지주 등 8개 종목은 예전 순위에서 밀려났습니다.

이러한 현상이 벌어지는 이유는 바로 '경쟁'과 '변화' 때문입니다. 예전의 우량주라 하더라도 새로운 경쟁자에 밀려 활력을 잃어버리는 일이 종종 일어납니다. 또한 우리도 목격했듯이 세상이 변하면서 인터넷이나 게임, 2차전지 등과 같은 분야의 기업들이 시장에서 각광받을 수 있습니다. 따라서 어떤 기업 한두 종목을 매집한 다음 잊어버리고 묻어두면 된다는 식의 주장은 공감하기 어렵습니다.

2007년의 상황만 살펴봐도 삼성전자의 한 직원이 이런 이야기를 한 적이 있을 정도였습니다. "요즘 주식시장이 이렇게 좋은데, 우리 회사 주가는 왜 이럴까요?" 2007년은 주식시장에서 '중국' 관련주를 빼놓고는 이야기할 수 없는 시기였습니다. 현대중공업이나 OCI로 대변되는 중공업 및 태양광 산업의 주도주들이 시장에서 가장 빛나던 시절이었습니다. 2015년에도 이와 비슷한 이야기를 들은 적 있습니다. 당시 삼성전자를 비롯한 보유 종목의 성과가 부진한 가운데 "왜 삼성전자 같이 흘러간 기업에 투자하세요?"라는 이야기까지 들은 적 있습니다. 물론 삼성전자는 2017년 이른바 '반도체 슈퍼사이클'을 맞이해 그간의 부진을 극복했고, 코로나 쇼크에서 회복된 2020년에는 이른바 10만 전자의 시대를 맞이했습니다. 그러나 이런 시련을 견뎌내지 못하고 도태된 우량 기업도 많다는 것을 기억해야 합니다.

3장에서 다루었던 이야기를 정리하자면, 한국 주식시장은 수출의 영향력이 너무 큰 데다 주주를 중시하는 경영이 여전히 자리 잡지 못한 상황이기에 굉장히 변동 폭이 큰 특성을 지닐 수밖에 없다는 것입니다. 또한 삼성전자와 같은 특정 종목에 집중하는 것도 권하기 어렵습니다. 왜냐하면 2000년 이후 두 차례나 매우 긴 침체 국면을 보낸 적이 있을 정도로, 주도주가 시시각각 바뀌는 특성을 지니고 있기에 지속적으로 종목에 대해 공부할 필요가 있습니다.

특히 다른 사람의 추천 종목을 무작정 따라가는 것은 피하는 것이 좋습니다. 투자는 자신의 판단으로 하는 것이며, 누군가의 조언은 참고 사항 정도로 생각해야 합니다. 무엇보다 아무리 분석을 잘했더라도 시장 환경이 달라지고, 수급 여건이 바뀔 때는 예측이 빗나가는 일이 빈번하다는 것을 꼭 명심해야 합니다.

앞에서도 강조했듯이 주식에 대한 장기투자 그 자체는 찬성하지만, 투자의 대상 지역을 한국에 한정하기보다는 미국 등 선진국으로 분산하는 것이 바람직합니다. 또한 주식에만 한정하지 않고, 미국 국채 같은 달러 자산에 대한 투자 비중을 높여보기를 권합니다.

MONEY TALK

배당수익률이
높은 기업을 주목하자

3장에서 한국 주식시장의 배당수익률이 대단히 낮다고 이야기했습니다. 그렇지만 이는 '한국에서 배당투자가 의미 없다'라는 뜻이 아닙니다. 다음의 그래프(121쪽 그림 참조)에서 볼 수 있듯이, 회사채 수익률이 2%를 밑돌게 되면서 배당수익률이 상대적으로 높아졌기 때문입니다. 예전에 회사채 금리가 5%를 훌쩍 뛰어넘을 때는 1~2%에 불과한 배당수익률에 대한 관심이 매우 낮았습니다. 그러나 최근에는 회사채 금리가 가파르게 떨어지고 있기에, 배당을 지급하는 기업에 대한 관심이 높아질 여건이 조성되었습니다.

회사채 수익률이란, 기업이 발행한 채권의 금리를 나타낸 것입니다. 기업은 주주들로부터 돈을 조달(유상증자)하거나 은행에서 대출을 받아 사업 자금을 마련하는데, 신용도가 높은 기업은 직접 채권시장에서 채권을 발행하기도 합니다. 요즘 한국 기업이 발행한 회사채 금리가 낮아진 것은 신용도가 높아진 면도

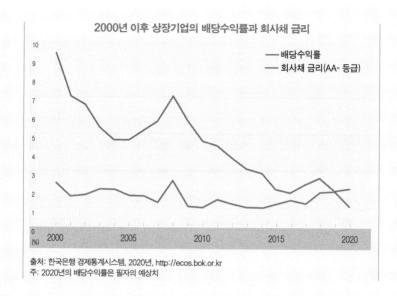

2000년 이후 상장기업의 배당수익률과 회사채 금리

— 배당수익률
— 회사채 금리(AA- 등급)

출처: 한국은행 경제통계시스템, 2020년, http://ecos.bok.or.kr
주: 2020년의 배당수익률은 필자의 예상치

있지만, 한국은행의 정책금리가 0.5%까지 인하되며 시중금리가 전반적으로 떨어진 탓이 큽니다.

즉 기업이 발행한 채권의 금리와 배당수익률이 근접한 것은 주식시장 참가자 입장에서 큰 호재라는 뜻입니다. 한국처럼 지배주주들이 배당을 지급하기 꺼리는 환경에서 배당을 지급하는 기업의 인기는 높아질 수밖에 없습니다. 특히 2020년처럼 심각한 경제적 충격을 받은 해에 배당을 꾸준히 지급한 기업은 더욱 높은 평가를 받을 가능성이 높습니다.

CHAPTER 4

불황의 시대,
최선의 생존 해법

한국이 일본 된다?

3장까지의 분석을 통해 제 투자원칙을 간략히 정리하자면 다음과 같습니다.

첫째, 종잣돈을 모으기 위해서는 미국 국채 등 안티프래질한 자산에 투자한다.

둘째, 2008년이나 2020년처럼 환율이 급등하고 세계경제가 불황에 빠져들 때는 차익을 실현해 한국의 저평가된 자산(주식, 부동산 등)에 투자한다.

하지만 이런 투자원칙에 동의하더라도 '한국이 장기 불황에 빠져 주식이나 부동산 가격이 지속적으로 폭락하는 것은 아닌가'

하고 우려하는 사람들이 많습니다. 1990년 이후의 일본처럼 한국 경제도 장기 불황을 겪지 않을까 걱정하는 것이지요. 결론부터 말하자면, '한국이 일본처럼 된다'고 보기는 어렵습니다.

가장 직접적인 이유는 경제구조의 차이입니다. 한국과 일본의 국내총생산(GDP)에서 수출이 차지하는 비중을 살펴보면, 두 나라는 극과 극에 위치한 것을 알 수 있습니다. 2018년을 기준으로 볼 때 한국의 수출 비중은 41.7%인 반면, 일본은 18.5%에 불과합니다. 세계 수출 평균이 30.1%라는 점을 고려할 때 한국은 수출 중심 국가인 반면, 일본은 내수 중심 국가라는 것을 쉽게 알 수 있습니다. 심지어 1980년대 말 일본이 'Japan as No. 1'으로 불리던 시절조차 GDP에서 차지하는 수출 비중은 10% 전후에 불과했습니다. 즉 일본 경제는 전형적인 내수 중심 국가이며 수출은 보조적인 역할을 했다고 볼 수 있습니다. 이것이 가능했던 이유는 1980년대 말 일본의 1인당 국민소득이 3만 달러에 근접할 정도로 부유해 거대한 내수시장을 형성했기 때문입니다. 일본은 지금도 세계 3위의 내수시장을 가지고 있습니다.

이와 같은 경제구조의 차이는 자산시장 측면에서 볼 때 중요한 의미를 지닙니다. 왜냐하면 한국 경제가 내부 요인(정치적 혼란, 가계 부채 문제 등)으로 굉장히 어려워졌다 하더라도, 수출이 살아나는 순간 금방 회복될 여지가 크기 때문입니다. 반면에 일본은 내수에

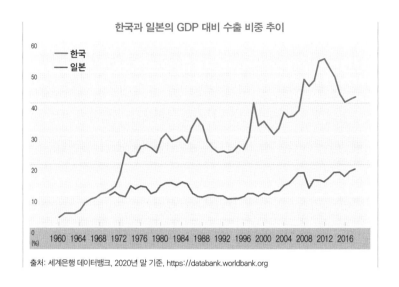

한국과 일본의 GDP 대비 수출 비중 추이

출처: 세계은행 데이터뱅크, 2020년 말 기준, https://databank.worldbank.org

문제가 생기는 경우 이 문제를 해결하기가 대단히 어렵습니다. 수출 비중이 예전부터 매우 낮으므로 수출 경기가 회복되더라도 경제 전체에 미치는 영향은 크지 않습니다. 결국 지난 1990년 자산 시장 버블이 붕괴된 이후 일본 경제가 장기 불황의 늪에 빠진 이유는 자산 가격 하락으로 가계의 소비가 위축된 탓이 큽니다. 즉 가계의 소비 회복이 이뤄지기 전까지 일본 경제가 본격적으로 회복되기는 어렵다고 볼 수 있습니다.

물론 '한국의 수출 실적이 장기간 회복되지 않을 수도 있지 않느냐'고 의견을 제기할 수도 있습니다. 그러나 다음의 두 가지 이유로 그 가능성은 매우 낮습니다. 첫 번째 이유는 '환율'입니다.

불황의 시대, 최선의 생존 해법

앞에서 살펴보았듯이 한국 경제에 부정적인 사건이 발생하면 환율이 상승한다는 것입니다. 한국에 투자한 외국인이 이탈하는 데다, 한국 투자자들도 안전자산(달러)에 대한 비중을 높일 것이기 때문입니다. 이를테면 2020년 봄에 외화예금 가입자가 폭증했던 사례를 들 수 있습니다. 당시 한 달 만에 외화예금 잔액이 67.8억 달러 증가한 바 있습니다.

이렇게 자산시장에서 '달러 사자' 주문이 늘어나면, 환율이 상승합니다. 그리고 환율의 상승은 장기적으로 볼 때 수출 기업에게 도움이 됩니다. 예를 들어 어제 달러에 대한 원화 환율이 1,100원이었지만, 오늘 1,300원까지 상승한 경우를 살펴보겠습니다. 이때 미국에서 1,000달러에 출시된 애플의 신형 아이폰을 사려면 어제는 110만 원에 구입이 가능했지만, 오늘은 130만 원으로 가격이 상승할 것입니다. 같은 기간 한국의 신형 갤럭시 폴드폰의 가격이 110만 원에 머물러 있다면, 예전보다 많은 사람이 갤럭시 폴드폰을 구매하려 들 것입니다. 따라서 한국 기업의 입장에서 환율의 상승은 경쟁력 개선으로 연결된다고 볼 수 있습니다.

물론 환율이 변동한다고 즉각적으로 소비자가격이 조정되는 것은 아닙니다. 기업 입장에서 잦은 가격 변경은 독이 되는 경우가 많기 때문입니다. 무엇보다 소비자들이 가격 인상에 거부감을 느끼는 경우가 많은 데다, 기업 입장에서도 판촉물 제작비용

등이 가산되는 경우가 잦습니다. 그러나 환율이 6개월 혹은 그 이상으로 수준을 유지한다면, 기업도 서서히 제품 가격을 인하할 것이기에 결국 수출이 늘게 됩니다. 수출이 늘어나면 기업 실적이 개선될 뿐만 아니라 경상수지 흑자도 늘어납니다. 경상수지란, 상품 및 서비스 등 다양한 교역의 결과를 집계한 것입니다. 경상흑자가 발생했다면, 해외에서 수입한 것보다 해외로 수출한 상품 및 서비스가 더 많았다는 뜻이므로, 우리나라 전체로 보면 달러나 엔 같은 해외 통화를 예전보다 더 많이 가지게 됩니다. 그리고 기업들은 이 외환 중 일부를 원화로 환전해서 거래 기업으로부터 부품을 사들이거나 또는 고용을 늘릴 것입니다. 따라서 국내 경제에 더 많은 돈이 풀리게 됩니다.

이처럼 한국이 불황에서 일어설 수 있는 첫 번째 이유는 환율의 상승 때문이지만, 또 다른 이유가 있습니다. 그것은 바로 '수출 경쟁력'이 꾸준히 개선되는 흐름을 보인다는 것입니다. 일부 언론 매체나 유튜브 채널 등에서 "한국은 이미 망했다"고 주장하는 사람들을 쉽게 볼 수 있습니다. 실제로 사석에서 진지하게 이같은 이야기를 하는 모 회사의 대표님을 뵌 경험도 있습니다. 물론 한국의 일부 산업이 어려움을 겪고 있고, 무너진 사례도 간혹 관찰되곤 합니다. 그러나 한국 경제가 망해버렸다는 식으로 섣불리 판단하기에는 여러 지표의 결과가 너무 좋다는 것도 알려드리고 싶습니다. 가장 대표적인 사례는 블룸버그가 선정한 '2021년 세계 혁신국가 순위(블룸버그 혁신지수)'에서 한국이 1위를 차지한 것입니다. 금융 정보를 제공하는 미디어 그룹인 블룸버그는 수십 년 동안 동종 업계에서 최고의 자리를 지키고 있는 신뢰성 높은 회사입니다. 금융권에서 보고서를 쓸 때, 블룸버그의 서비스를 이용하지 않고는 일하기 어려울 정도의 영향력을 지니고 있습니다. 블룸버그는 다양한 데이터를 제공할 뿐만 아니라 뉴스와 칼럼도 활발하게 발표하는데, 그 가운데 하나가 '세계 혁신국가 순위'입니다. 한국은 지난 8년 동안 일곱 번이나 1위를 차지한 바 있습니다. 블룸버그는 첨단 산업의 집중도를 비롯한 여러 지표를 합산해 혁신국가 순위를 발표합니다(자세한 내용은 4장의 MONEY TALK "혁신국가 순위는 어떻게 평가할까?" 참조).

그렇지만 이런 블룸버그의 평가에 동의하지 않는 사람들도 있을 것입니다. 다들 '살기 힘들다'고 말하는데, 혁신국가가 되는 것이 무슨 의미인지 모르겠다고 할 수도 있습니다. 충분히 이해가 갑니다. 그러나 불황에서 회복되는 힘을 가지기 위해서는 반드시 기업의 경쟁력이 있어야 합니다. 이 문제를 살펴보기 위해 그리스의 사례를 생각해봅시다.

2009년 재정위기를 겪은 후 그리스 경제는 큰 어려움을 겪고 있습니다. 2008년에 3만 2,000달러였던 1인당 국민소득이 2019년에는 2만 달러에도 미치지 못하게 되었습니다. 그리스 경제는 왜 이렇게 장기 불황에 빠지고 말았을까요? 여러 이유가 있겠지만, 유로화의 가치가 떨어지더라도 해외 여행객이 유입되는 것 말고는 경제에 큰 도움 되는 요소가 없는 것도 큰 영향을 미쳤을 것입니다. 그리스의 수출 상위 품목을 살펴보면, 일부 석유 관련 제품과 알루미늄 등을 제외하면 공산품을 찾아볼 수 없습니다. 치즈와 올리브오일, 구리 등이 그리스의 수출 상위 품목을 차지하고 있습니다. 반면에 한국의 수출 품목을 살펴보면, 그리스의 상황과 전혀 다릅니다. 한국은 반도체와 일반 기계, 자동차 그리고 철강 제품 등이 수출 랭킹에서 최상위권을 차지하고 있습니다. 이 제품들은 세계에서 필요로 하는 핵심 제품인 데다, 나날이 경쟁력이 개선되고 있기에 달러에 대한 원화 환율이 상승하는 순간 바로 수출 물량이 늘어나게 됩니다.

물론 이런 핵심 제품들의 생산비용이 계속 상승한다면 경쟁력이 약화될 수도 있습니다. 그러나 한국의 수출 기업 대부분이 학습곡선(Learning Curve)이 가파른 편입니다. 학습곡선이란, 생산량이 늘어날 때마다 일정한 속도로 제품의 생산 단가가 떨어지는 현상을 말합니다. 반도체 같은 업종은 거의 2년마다 생산 단가가 반 토막이 나고, 항공기 제조업은 물량이 두 배가 될 때마다 제작 단가가 23%씩 떨어지는 것으로 보고되고 있습니다. 왜 이런 현상이 나타날까요? 그 이유는 두 가지 때문입니다. 첫 번째는 기술 수준의 꾸준한 향상입니다. 비행기 조립 대수가 늘어날수록 노동자들의 기술 및 협력 수준이 높아지고, 특히 공정 기술을 발달시키려는 노력이 이런 현상을 더욱 촉진시킵니다. 물론 이는 쉬운 일이 아닙니다. 그러나 끝없는 경쟁의 압력과 달콤한 보상이 숙련 수준의 향상으로 이어지곤 합니다. 세계적인 기업들은 이런 도전을 계속적으로 해내고 있다고 볼 수 있지요.

두 번째 이유는 대량 주문에 따른 비용 절감입니다. 비행기를 한 대만 생산하는 것보다 네 대를 동시에 생산하는 것이 여러모로 비용을 절감하는 데 효율적일 것입니다. 또한 생산량이 늘어날수록 엔진을 비롯한 핵심 부품의 단가를 떨어뜨릴 수 있다는 것도 무시하지 못할 이점으로 작용합니다. 롤스로이스 같은 세계적인 엔진 제조업체에게 "이번에 비행기 엔진 100대를 주문하는데, 가격 인하가 가능하겠지요?"라고 협상할 수 있는 것입니다.

따라서 한국이 '경쟁력을 잃었다'고 말하기 전에, 주력 수출 산업의 생산성 현황을 파악해봐야 할 것입니다. 여러 가지 충격으로 한국 경제가 어려움을 겪을 수는 있지만, 환율이 상승하거나 세계경제의 여건이 회복될 때 매우 빠르게 나아질 잠재력을 지니고 있기 때문입니다. 또한 수출이 꾸준히 늘어나기 시작하면 경제 전체에 온기가 퍼질 것입니다.

중국 견제 시대, 부담 커진 한국 경제

근래 중국이 '중국제조 2025' 등의 국가 정책을 펼쳐 한국을 추월했다는 언론 보도나 주장을 종종 접하게 됩니다. 그러나 이 주장은 많은 부분이 과장되어 보입니다.

우선, 블룸버그에서 발표한 '2021년 세계 혁신국가 순위'를 보면 한국이 세계 1위를 차지하고 있는 반면, 중국의 순위는 16위에 불과합니다. 중국의 순위가 이처럼 낮은 이유는 교육 및 기술 혁신 능력이 상대적으로 낮다고 평가받기 때문입니다. 다르게 표현하면, 중국이 '중국제조 2025'와 같은 적극적인 혁신 산업 육성 정책을 밀어붙이는 이유가 곧 자국 경제의 낮은 생산성 수준을 향상시키기 위함이라고 볼 수 있습니다.

블룸버그의 조사를 항목별로 자세히 살펴보면, 중국의 생산성은 세계 45위로 평가됩니다(2021년). 일부 중국 기업들의 생산성은 높지만, 산업 전반의 경쟁력은 아직 세계 톱 수준이라고 보기는 어렵다는 게 블룸버그의 평가입니다. 지난 수십 년 동안의 노력에도 불구하고 중국의 생산성 수준이 경쟁국에 비해 낮게 평가되는 이유는 무엇일까요? 무엇보다 '정부'가 주도하는 중국의 특성상 두 가지 요인이 결정적이라고 봅니다. 첫째, 정부의 판단 착오 가능성을 배제할 수 없다는 것입니다. 정부가 판단하기에 미래 전망이 밝다고 보았더라도, 산업 자체가 갑자기 쇠퇴기에 접어들 수 있습니다. 대표적인 사례가 2010년을 전후해 시행되었던 한국의 원자력발전소 산업 육성 정책입니다. 당시만 하더라도 2011년 일본의 동일본 대지진 이후 세계적인 원전 건설 붐이 급격히 소멸되리라고 예상하기 어려웠을 것입니다. 중국 정부도 이와 비슷한 실수를 수없이 반복한 바 있습니다.

그리고 정책 당국의 판단 착오보다 더 큰 문제는, 특정 산업을 육성하기에 적합한 '타이밍'을 이미 놓쳤을 수도 있다는 점입니다. 대표적인 사례가 메모리용 반도체입니다. 삼성전자나 SK하이닉스 등 한국의 기업들은 1970년대 중반부터 이 사업을 시작해, 이미 DRAM이나 NAND 플래시 메모리 등 핵심 품목에서 압도적인 점유율을 자랑하고 있습니다. 이 기업들이 강력한 경쟁력을 보유하게 된 이유는 누적된 생산성 향상 기술 때문입니다. 평균적으로 2년마다 생산성이 두 배 늘어나는 반도체 산업에서, 지속적으로 경쟁력을 향상시킨 기업은 제조비용 면에서 압도적인 우위를 가질 것입니다.

중국의 국가 주도 성장 전략이 한계에 부딪힌 대표적인 사례가 칭화유니그룹의 위기일 것입니다. 칭화유니그룹은 이름에서도 알 수 있듯이, 중국의 명문 칭화대학(靑華大學)과 긴밀한 연관을 맺고 있는 거대 정보통신 기업입니다. 막대한 자금력을 자랑했던 이 기업은 불과 4~5년 전만 하더라도 미국의 NAND 플래시 메모리 회사인 웨스턴디지털(Western Digital)을 인수하려고 시도하다가, 미국 정부에 제동이 걸려 무산된 전력이 있을 정도였습니다. 그러나 기업 인수합병(M&A)이 실패로 돌아간 이후 칭화유니그룹은 뚜렷한 성과를 거두지 못했고, 결국 홍콩 증시에서 거래 중이었던 회사채의 원금 상환에 실패하고 말았습니다.

중국 정부의 직간접적인 지원에도 불구하고 칭화유니그룹을 비롯한 수많은 중국 반도체 기업들이 생존의 기로에 서게 된 것은 결국 스스로 일어설 경쟁력을 키우는 데 실패했기 때문이라고 볼 수 있습니다.

물론 한국 기업들이 영원히 중국에게 추격을 허용하지 않을 것이라는 주장은 아닙니다. 1990년대 중·후반, 한국이 시장을 지배하던 일본이라는 경쟁자를 무너뜨릴 때처럼, 산업 내에 '파괴적 혁신(Disruptive Innovation)'이 발생할 때는 역전의 기회가 생깁니다. 파괴적 혁신이란, 재원이나 누적된 기술이 상대적으로 부족한 작은 기업이 역전에 성공할 수 있게 만들어주는 경쟁의 룰을 바꿀 만한 기술의 발전을 말합니다. 파괴적 혁신이 일으킨 성과 중 대표적인 예는 정보통신 산업에서 주력 소비자층의 변화나 제품 표준(크기나 시스템 소프트웨어 등)의 변화입니다. 파괴적 혁신 이론을 처음으로 주창한 클레이튼 크리스텐슨(Clayton Christensen) 교수가 그의 저서인 《성공 기업의 딜레마(The Innovator's DNA)》에서 밝힌 내용을 일부 인용하면 다음과 같습니다.

하드디스크 드라이브 산업에서 발생한 대부분의 기술 변화는 '존속성 혁신'들로 이루어져 있었다. 이와 대조적으로 '파괴적 혁신'이라 불리는 또 다른 종류의 기술 변화들의 수는 매우 적었음에도 불구하고 기존 선도 기업들은 이러한 변화로 인해 도태되었다. 가장 중요한 파괴적 기술은 드라이브 크기를 작게 하는 구조적 혁신이었다. 이를 통해 직경이 14인치였던 디스크가 8인치, 5.25인치, 그리고 3.5인치로 축소되더니 급기야 2.5인치에서 1.8인

치까지 작아졌다. (중략)

일반적으로 이런 파괴적 혁신 기술들은 기존 고객들의 기대에 못 미치기 때문에 초기에는 거의 각광받을 수 없었다. 즉 이러한 기술은 주력 시장과 동떨어져서 별로 중요하게 여겨지지 않는 신규 시장에서만 가치를 인정받을 수 있는 새로운 속성들을 제공했던 것이다.

이와 같은 파괴적 혁신을 일으키는 기술의 반대편에 위치하는 것이 '존속성 기술(Sustaining Technology)'입니다. 존속성 기술이란, 기존에 개발된 기술을 지속적으로 개선하는 것을 의미합니다. 앞에서 설명했던 항공기 산업의 학습곡선은 존속성 기술에 기인한 부분이 큽니다. 그러나 하드디스크 드라이브 산업의 사례처럼, 규격이 바뀌며 새로운 신규 고객이 대거 유입되는 환경에서는 기존 고객에 의지하던 기업들이 신규 경쟁자에게 무너지곤 합니다.

대표적인 예가 1990년대 중반, 한국이 DRAM 반도체 시장에서 일본의 패권을 무너뜨린 일입니다. 당시 기업 고객에게 최고급의 고가 제품만 제공하던 일본 기업에 맞서, 한국 기업들은 개인용 컴퓨터(PC) 시장에 적합한 품질의 저렴한 제품을 공급함으로써 순식간에 시장점유율을 높일 수 있었습니다. 기업 고객들은 그 후로도 오랫동안 일본 제품을 선호했지만, 시장 판도가 기업 고객에서 소비자 고객 시장으로 바뀌는 상황에서 일본의 반도체 시장점유율은 계속 하락하여 반도체 산업은 결국 완전히 경쟁력을 잃고 말았습니다. 현재 반도체 산업에서 파괴적 기술 혁신이 두드러지게 나타나는 징후는 아직 보이지 않을 뿐만 아니라, 삼성전자를 비롯한 한국 기업들은 파괴적 기술의 출현 가능성에 발맞춰 지속적으로 기술개발에 나서고 있습니다.

정리하자면, 1990년대 DRAM 산업처럼 제품 규격의 변화나 새로운 소비자층의 대두 같은 파괴적 혁신이 진행되는 산업에서는 후발 주자의 역전극이 종종 벌어지지만, 지금이 그때라고 보기는 어렵다는 뜻입니다.

그러나 중국의 '중국제조 2025' 정책이 실패했다고 볼 수는 없습니다. 반도체처럼 존속성 기술이 여전히 효력을 발휘하는 시장에서 추격자가 어려움을 겪을 수 있지만, 파괴적 혁신이 진행 중인 산업에서는 추격자가 오히려 유리한 면도 있습니다. 대표적인 예가 전기차 산업입니다. 세계 전기차 산업의 시장점유율을 살펴보면, 미국의 테슬라가 세계 1위이고, 중국의 지리그룹(浙江吉利控股集团有限公司, Geely)이 7위에 이름을 올리고 있습니다. 반면에 자동차시장에서 전통의 강자인 일본 토요타나 미국 포드자동차의 이름은 순위권에서 찾을 수 없습니다.

전기차 출시 이전 중국의 자동차시장을 먼저 살펴보겠습니다. 중국 정부는 1970년대 후반부터 자동차 산업을 육성하기 위해 많은 노력을 기울였습니다. 자동차 산업은 기계 산업의 모든 역량이 집결된 대표 격으로, 수많은 전후방 산업의 발전에 큰 도움이 되기 때문입니다. 가장 직접적인 예가 철강 산업으로, 자동차의 차체는 물론 부품 대부분이 철로 만들어지기 때문입니다. 당시 중국 정부는 기술 습득을 목적으로 중국 기업과 글로벌 기업 간의 합작을 유도했습니다. 즉 발전 가능성이 창창한 중국시장에 진입하기 위해서는 해외 기업이 반드시 중국의 파트너와 지분을 나누도록 한 것입니다. 자본 제휴를 통해 자연스럽게 중국의 경영자와 기술자들이 노하우를 습득할 것이라고 기대했던 것입니다.

그러나 이 자동차 산업 육성 정책은 거의 효과를 거두지 못했습니다. 2019년 기준, 중국 자동차 시장점유율 1위 기업인 상하이자동차(上海自動車, SAIC)는 독일 폭스바겐과의 합작을 통해 '산타나'를 비롯한 히트 모델을 생산하고 있습니다. 2위를 차지한 둥펑자동차(東風汽車公司, Dongfeng Motor) 역시 일본 혼다자동차 및 한국 기아자동차와의 합작으로 다양한 제품을 출시했습니다. 다시 말해 중국의 자동차시장은 중국의 독자기업보다는 합자기업들이 우세한 시장이며, 앞으로도 그럴 가능성이 높다는 뜻입니다. 결국 지난 수십 년 동안 중국 정부가 야심 차게 추진했던 자동차 산업 육성 정책은 실패한 셈입니다.

이러한 현상이 나타난 이유는 해외의 합자기업들이 언제든지 경쟁자로 돌아설 수 있는 중국 현지(local) 파트너에게 순순히 기술을 넘기지 않았기 때문입니다. 게다가 현지 파트너들이 대부분 국유기업이었던 것도 문제를 키운 원인으로 지목됩니다. 국유기업 경영자들의 입장에서 볼 때 잘못했다가 큰 손실을 입을 수 있는 대대적인 투자보다는 해외 파트너가 들여오는 '검증된 모델'을 중국시장에서 파는 것이 당연한 선택이 될 수밖에 없었던 것입니다.

그런 이유로 '중국제조 2025'에서 가장 중요한 목표가 전기차 산업의 육성입니다. 중국 입장에서 전기차는 대기오염 문제를 해결할 수 있을 뿐만 아니라, 파괴적 혁신을 일으키는 산업으로서 뚜렷한 선두 주자가 존재하지 않았기 때문입니다. 역사적으로 100년 전부터 지속적인 기술 개량이 이뤄졌던 가솔린엔진이나 디젤엔진과 달리, 전기차의 핵심은 비교적 최신 기술이라 할 수 있는 배터리 및 관리 시스템이며, BYD나 CATL을 비롯한 중국의 배터리 기업들은 이 분야에서 상당한 실력을 갖추고 있었습니다.

최근에 미국 정부가 중국의 전기차 등 주요 혁신 산업에 대해 지속적으로 규제를 가하는 것은 단순히 중국 기업의 '기술 도둑질' 문제 때문이라기보다는, 중국이라는 위협적인 경쟁자가 성장하기 전에 이를 미리 견제할 필요가 있음을 느낀 데에서 비롯된 것으로 볼 수 있습니다. 이런 시점에서 중국 전기차 산업의 미래를 섣불리 판단할 수는 없습니다. 전기차 산업에서도 미국은 압도적인 경쟁 우위를 지니고 있으며, 특히 자율주행 등의 부문에서 핵심 기술을 보유하고 있기 때문입니다. 그러나 전기차 산업이 기존 내연기관 자동차 산업에 비해서는 중국이 상대적으로 추격하기 용이한 환경이라는 것은 분명한 사실입니다.

요약하자면, 반도체나 조선 등 파괴적 혁신이 출현하지 않은 산업에서는 한국의 우위가 지속될 것으로 보입니다. 다만 전기차와 2차전지 등 파괴적 혁신이 진행 중인 산업에서는 중국의 위협이 상당할 것이기에, 한국 기업들의 경쟁력 강화를 위한 노력이 절실하다고 볼 수 있습니다.

그렇다 하더라도 적어도 수년 내에 한국이 장기 불황에 빠져들 가능성은 높지 않다고 봅니다. 불황이 찾아올 때마다 환율이 급등하며 수출 기업의 경쟁력이 개선될 가능성이 높은 데다, 한국의 주력 수출 산업이 꾸준히 학습곡선을 타며 경쟁력을 강화하고 있기 때문입니다.

한국 경제를 짓누르고 있는
외환위기 트라우마

역사적인 사례와 분석을 통해 살펴보았듯이, 한국 경제가 주기적으로 어려움을 겪을 가능성은 높지만 일본처럼 30년씩 장기 불황을 겪을 위험은 낮다고 봅니다. 하지만 1인당 국민소득 기준(구매력 평가기준)으로 일본을 제쳤다는데, 우리의 살림살이는 왜 좋아지지 않는지 의문스럽기만 합니다. 이 문제를 살펴보기 위해서는 한 가지 사실을 알아둘 필요가 있습니다. 그것은 바로 '경제성장률'이 노동시장 여건에 큰 영향을 미친다는 점입니다.

예를 들어 1990년대 중반처럼 경제성장률이 대단히 높은 수준일 때는 취직이 잘됩니다. 반대로 2008년이나 2020년처럼 경제

성장률이 마이너스를 기록할 경우에는 극심한 취업난이 발생합니다. 1999년 모 증권사에 다닐 때, 신규 채용 공고를 내자마자 구름처럼 지원자가 몰렸던 기억이 선명합니다. 어디서 이런 뛰어난 인재들이 왔나 싶을 정도로 스펙과 열정을 모두 지닌 지원자들이었습니다. 이후 이들 대다수가 베스트 애널리스트나 다른 업계의 정상에 서는 모습을 보면서 흐뭇해하곤 했는데, 1997년 외환위기로 취업시장의 문이 닫혀버리지 않았다면 쉽게 만나기 어려운 인재들이었다는 생각도 듭니다.

이런 경우 기업 측에서는 좋겠지만, 취업 희망자의 입장에서는 너무나 끔찍한 시기가 아닐 수 없습니다. 안타깝게도 외환위기

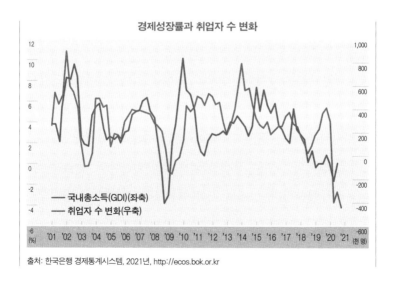

경제성장률과 취업자 수 변화

출처: 한국은행 경제통계시스템, 2021년, http://ecos.bok.or.kr

불황의 시대, 최선의 생존 해법

이후로 취업이 잘되었던 시기가 별로 없습니다. 한국의 경제성 장률이 추세적으로 떨어졌기 때문입니다. 1960년부터 1997년까지 한국의 연평균 1인당 국민소득 증가율은 12.4%였지만, 1997년부터 2018년까지의 1인당 국민소득 증가율은 4.6%에 불과했습니다. 더욱이 2020년 발생한 코로나 쇼크로 1인당 국민소득은 마이너스 성장을 기록하고 있습니다.

경제 성장이 둔화되고 향후 전망도 밝지 않을 때 노동시장 여건이 좋을 수 없으며, 이는 앞으로도 지속될 일입니다. 경제 내 주체들의 자신감이 예전보다 많이 약해졌기 때문입니다. 큰 교통사고를 겪은 후 사람들이 자동차 운전을 기피하듯, 1997년 외환 위기를 겪은 후로 기업이 공격적인 투자를 꺼리게 되었고, 정부도 예전처럼 적극적인 재정 정책을 추진하지 못하고 있습니다. 이러한 기업의 투자 부진과 정부의 재정 축소는 경제성장률을 떨어뜨리고 취업난을 가중시키는 요인으로 작용할 가능성이 높습니다.

물론 이런 흐름을 바꿀 방법이 없는 것은 아닙니다. 고속 성장이 지속되면 되는 것이지요. 대표적인 예가 2000년대 중·후반 시기로, 중국의 가파른 경제 성장에 힘입어 한국도 꽤 높은 성장률을 기록했습니다. 실제로 조선이나 철강, 태양광 등 당시 각광받던 산업은 대대적인 설비 투자를 단행했고, 이 분야의 고용도 늘었습니다. 그러나 '호황은 불황의 어머니'라는 말이 당시에도 그대로 적용되고 말았지요. 2008년 글로벌 금융위기 이후 세계의 수요가 위축되자, 이 산업들은 모두 공급 과잉의 늪에 빠져들고 말았습니다. 안타깝게도 이 책을 쓰는 지금까지도 해당 산업에서의 대규모 채용 소식은 들리지 않고 있습니다.

상황이 이렇다 보니, 경영자들의 자신감 있는 행보를 찾아보기가 더 어려워졌습니다. 너무 공격적으로 투자하면, 모 그룹처럼 일거에 무너질 수 있다는 공포가 확산된 것입니다. 따라서 앞으로 상당히 이례적인 호황이 지속되지 않는 한 투자 붐이 활성화되기는 어려울 것 같습니다. 결국 한국 경제와 노동시장의 희망은 '스타트업'에 있다고 봅니다. 신기술로 무장한 신생 기업들은 적극적으로 인재를 채용하려 들 뿐만 아니라, 실제로 수많은 벤처캐피탈 회사들이 미래가 창창한 기업에 투자하기 위해 줄을 길게 늘어서 있기 때문입니다. 2020년 3월 코로나 쇼크 이후 금리가 인하되면서 부동산이나 주식 등 자산시장에 거품이 형성되는 것이 아니냐는 우려가 제기되고 있습니다. 하지만 적어도 스타트업 생태계를 육성한다는 면에서는 큰 성과를 거둔 것으로 보입니다. 쿠팡이나 센드버드(Sendbird)처럼 유니콘 기업, 즉 기업가치가 10억 달러 이상으로 평가받는 신생 기업이 계속 늘어나 한국 경제 전반에 활력을 줄 수 있기를 기대해봅니다.

수출이 늘어나도
열리지 않는 취업문

4장의 내용을 살펴보면서 '한국에 희망이 없다'고 이야기하는 사람들도 있을 것 같습니다. 하지만 한국의 미래는 그렇게 어둡지 않습니다. 스타트업뿐만 아니라 반도체와 자동차, 2차전지를 비롯한 주력 수출 산업은 외환위기 이후 입지가 더욱 강화되었고, 투자도 적극적입니다. 가장 대표적인 예가 반도체 산업입니다. 삼성전자를 비롯한 한국의 반도체 산업은 연 수십조 원의 대규모 설비 투자를 단행하는 것은 물론, 해외에도 공장을 적극 설립하고 있습니다. 실제로 이 기업들 덕분에 한국 경제의 수출 비중이 가파르게 상승했습니다. 1996년 국내총생산(GDP)에서 수출이 차지하는 비중은 24.8%에 불과했지만, 2012년에는 54.1%까지 높아졌습니다. 이후 중국이 공급 과잉 산업에 대한 구조조정에 돌입하고, 2014년 이후 한국의 조선 경기가 나빠지며 GDP 대비 수출 비중이 떨어졌다 해도 40% 선은 유지하고 있습니다. 한마디로 이제 한국은 수출이 경제 흐름을 좌우하는 나라가 되었다고 볼 수 있습니다.

물론 수출이 잘될 때 경기가 좋아지는 흐름이 고용 증가로 연결될 가능성이 높지만, 이 둘의 관계가 정확하게 일치하는 것은 아닙니다. 수출이 잘되어도 고용이 늘어나지 않는 일이 종종 벌어지는 첫 번째 이유는, 수출 산업의 '고용유발계수'가 점점 낮아지고 있기 때문입니다. 고용유발계수란, 생산을 10억 원 늘릴 때(즉 10억 원의 재화를 생산할 때) 얼마나 많은 사람이 새로 고용되는지를 측정한 수치입니다. 그런데 한국 제조업의 고용유발계수는 2000년에 10.1명에서 2018년에 4.7명으로 줄어들었습니다. 특히 반도체 산업의 고용유발계수는 같은 기간 각각 4.5명에서 1.6명으로 급감했습니다. 자동차 산업의 고용유발계수도 같은 기간 11.8명에서 6.6명으로 떨어졌습니다. 즉 수출이 늘어나도 반도체 또는 자동차 산업에서 고용이 늘지 않게 된 것입니다.

이런 현상이 벌어진 가장 주된 이유는 무엇일까요? 바로 '정보통신 혁명'입니다. 25년 전으로 거슬러 올라가, 제 경험담을 이야기해보겠습니다. 모 증권사 리서치센터에서 근무할 때 저의 별명은 '홍엑셀'이었습니다. 별명에서 쉽게 짐작할 수 있듯이, 다른 직원들보다 컴퓨터에 제법 능숙했기 때문입니다. 당시 일하다가 컴퓨터에 문제가 생기거나, 계산이 어렵다고 생각될 때면 다들 저를 부르곤 했습니다. 직장 경력 3~4년 차에 불과했음에도 저를 이곳저곳에서 불러주던 이유는 정보통신 혁명이 막 시작되었기 때문입니다. 1990년대 초반 인터넷이 처음으로 확산되기 시작했고, 윈도우라는 새로운 운영체제가 도입되면서 개인용 컴퓨터가 각 가정에 보급된 시기가 이때였습니다. 따라서 컴퓨터에 친숙한 저 같은 신참들이 많은 기회를 얻을 수 있었습니다. 대학원 시절 석사 논문을 쓰면서 엑셀과 통계 프로그램을 활용해 실증 분석한 경험이 저를 '홍엑셀'로 거듭나게 만든 것입니다. 반면에 컴퓨터보다는 손으로 글을 쓰는 것이 익숙한 당시 40~50대 직원들은 변화된 환경에 적응하기 힘들어했지요.

제 사례에서도 알 수 있듯이, 정보통신 혁명과 금융시장의 개방 같은 노동 환경의 변화는 경제에 두 가지 큰 영향을 미쳤습니다. 하나는 엑셀을 비롯한 다양한 오피스 프로그램을 사용하면서 생산성이 크게 향상되었다는 점이며, 다른 하나는 이런 변화에 적응하지 못한 사람들이 일자리를 잃어버리게 된 것입니다. 물론 우리나라만 이런 변화를 겪은 것은 아닙니다.

경제학자 데이비드 오토(David Autor)와 로렌스 카츠(Lawrence Katz) 등은 2006년에 발표한 논문을 통해 1990~2000년 숙련 수준을 기준으로 고소득 일자리와 저소득 일자리는 늘어난 반면에, 중간 수준의 임금이나 기술을 필요로 하는 일자리는 줄어들었다고 지적합니다. 고소득 일자리와 저소득 일자리가 함께 늘어난 이유는, 부유한 사람들일수록 시간당 가치가 높기에 예전에는 자신들이 직접 하던 일을 다른 사람에게 맡기기 때문입니다.

또한 수출이 잘되어도 고용이 늘어나지 않는 두 번째 이유는 '세계화'로 인한 변화 때문입니다. 1990년을 전후해 추진된 북방 외교(한국 정부의 사회주의 국가에 대한 외교 정책)와 2001년 세계무역 기구(WTO)에 가입한 이후 시작된 중국의 가파른 경제 성장은 한국의 일자리 지도를 완전히 바꾸어 놓았습니다.

중국 동포(조선족)들이 한국으로 대거 이동했고, 이들 중 상당수는 영구적인 주거를 결정했습니다. 그리고 조선족 이주 노동자들이 또 다른 인구 이동의 매개 역할을 함으로써, 2019년 한국에 90일 이상 체류하고 있는 외국인은 146만 7,000명까지 늘어났습니다. 대표적인 예가 식당에서 일하는 '이모님'들이지요.

외국인 노동자 유입에 못지않게 큰 충격은 생산설비의 해외 이전입니다. 중국과 베트남이 저렴한 노동력과 땅값을 앞세워 외국인 투자를 적극 유치하는 과정에서 많은 설비가 바다를 건너갔

불황의 시대, 최선의 생존 해법

습니다. 그리고 중국과 베트남 등지에서 생산된 저렴한 제품들은 한국에서 생산된 제품을 빠르게 대체했습니다. 물론 2010년대에 접어들어 인건비와 땅값이 크게 상승하자 중국에서 다시 다른 곳으로의 공장 이전이 시작되었지만, 이 설비가 한국으로 돌아올 것 같지는 않습니다. 아마 또 다른 신흥국으로 이동할 것으로 전망됩니다.

여기서 잠깐 과거로 돌아가 제 경험을 이야기해보겠습니다. 1991년 군에서 갓 제대한 후 학비를 마련하기 위해 건설 현장에서 일용직으로 일한 경험이 있습니다. 이른바 '노가다'를 했지요. 당시 대학 등록금이 학기당 50만 원 정도였는데, 그렇게 막노동을 하면 월 100만 원이 조금 안 되는 돈을 벌 수 있었습니다. 힘들어도 이 정도 돈이면 등록금을 내고 자취하기에도 거의 어려움이 없었습니다. 그러나 이런 시기는 이제 흘러간 옛날이 되어버렸습니다. 건설 현장의 일용직 자리는 이제 대부분 외국인 노동자가 차지하고 있으며, 임금 수준도 30여 년 전에 비해 거의 오르지 않았습니다. 즉 세계화로 인해 한국의 일자리가 사라진 것은 물론, 임금도 거의 오르지 않게 된 것입니다. 중국 등 신흥국에서 수입된 제품과의 경쟁이 치열해지고, 외국인 노동자들이 건설 및 요식업 일자리에 대거 침투하면서 노동시장에 심각한 임금 '양극화' 현상이 나타난 것입니다. 반도체나 자동차처럼 경쟁력이 날로 강화되는 수출 기업에 다니는 사람들은 생산성 향상에 따른 대가를 얻을 수 있지만, 이런 일자리를 가지지 못한 사람들은 지속적으로 외국인 노동자와의 경쟁에 노출된다는 뜻입니다. 그 결과, 한국은 유례를 찾기 힘든 소득 불평등 문제에 빠지고 말았습니다. 500명 이상을 고용하는 기업의 2019년 평균 연봉은 6,274만 원에 이르는 반면, 5~29명을 고용하는 기업의 평균 연봉은 3,734만 원에 불과합니다.

4장의 이야기를 종합해보면, 세 가지 사실을 알 수 있습니다. 첫째, 한국 경제는 외환위기 이후 투자가 위축되는 가운데 과거에 비해 성장률이 낮아졌습니다. 둘째, 투자가 집중된 반도체나 자동차 등과 같은 혁신 산업은 여전히 높은 성장을 기록하고 있으나, 이 분야의 일자리는 기대만큼 빠르게 늘어나지 않았습니다. 셋째, 정보통신 혁명이 진행되면서 생산의 효율성이 높아지고, 또 세계화의 영향이 심화되어 건설이나 요식업 등의 내수 산업도 예전보다 일자리를 둘러싼 경쟁이 격화되었습니다.

이러한 상황을 고려할 때, 우리나라의 체감 경기가 큰 폭으로 나아지기는 힘들 것 같습니다. 최저임금이 인상되면서 외국인 노동자들의 유입이 더 늘어날 가능성이 높은 데다, 혁신을 주도하는 주력 수출 산업은 공채를 폐지하는 등 점점 더 채용을 줄이는 분위기로 흘러가고 있기 때문입니다. 따라서 극히 일부의 능

불황의 시대, 최선의 생존 해법

력자(및 행운아)들을 제외하고는 적극적인 '투자'가 필수라고 봅니다. 물론 취직이 잘되는 직업군, 예컨대 헬스케어나 컴퓨터 관련 업종으로 전직을 시도하는 것도 좋은 방법입니다. 그렇지만 전직 또는 전공의 전환은 많은 사람에게 대단히 어려운 일입니다. 제 경우만 보더라도, 학부 사학과 출신에서 대학원 경제학과(그것도 계량경제학) 전공으로 진학할 때 말로 표현하기 힘들 정도로 고생했던 기억이 납니다. 고등학교 수학부터 다시 공부해야 했던 기억이 생생합니다. 30년 전에도 힘든 일이 지금 쉬워질 리는 없습니다. 지난 30년 동안 쌓인 각 업계의 노하우를 따라잡기 위해서는 더 많은 노력이 필요할 수밖에 없기 때문입니다.

투자가 미래를 대비할 거의 유일한 방법이라고 강조하는 이유를 이해하셨으리라 생각합니다. 그렇기에 투자 경험이 많지 않은 2030세대라면 2장에서 설명했듯이 달러 자산으로 종잣돈을 마련하고, 경제위기가 올 때 이를 잘 투자하는 방법을 추천하고 싶습니다.

MONEY TALK

혁신국가 순위는
어떻게 평가할까?

블룸버그는 '혁신국가 순위'를 평가할 때, 다음과 같은 7가지 부문의 세부 지표를 활용합니다.

- 연구개발 집중도(R&D Intensity)
- 제조업 부가가치(Manufacturing Value-added)
- 생산성(Productivity)
- 첨단기술 집중도(High-tech Density)
- 고등교육 효율성(Tertiary Efficiency)
- 연구자 집중도(Researcher Concentration)
- 특허 활동(Patent Activity)

블룸버그의 2021년 세계 혁신국가 순위

Bloomberg 2021 Innovation Index

2021 Rank	2020 Rank	YoY Change	Economy	Total Score	R&D Intensity	Manufacturing Value-added	Productivity	High-tech Density	Tertiary Efficiency	Researcher Concentration	Patent Activity
1	2	+1	S. Korea	90.49	2	2	36	4	13	3	1
2	3	+1	Singapore	87.76	17	3	6	18	1	13	4
3	4	+1	Switzerland	87.60	3	5	7	11	15	4	18
4	1	-3	Germany	86.45	7	6	20	3	23	12	14
5	5	0	Sweden	86.39	4	21	12	6	7	2	21
6	8	+2	Denmark	86.12	8	17	3	8	22	2	23
7	6	-1	Israel	85.50	1	30	18	5	34	1	8
8	7	-1	Finland	84.86	11	12	17	13	14	10	10
9	13	+4	Netherlands	84.29	14	26	14	7	25	8	9
10	11	+1	Austria	83.93	6	9	15	23	16	9	15
11	9	-2	U.S.	83.59	9	24	5	1	47	32	2
12	12	0	Japan	82.86	5	7	37	10	36	18	11
13	10	-3	France	81.73	12	39	12	2	26	21	16
14	14	0	Belgium	80.75	10	23	16	15	43	14	13
15	17	+2	Norway	80.70	15	49	4	14	5	11	24
16	15	-1	China	79.56	13	20	45	9	17	39	3
17	16	-1	Ireland	79.41	35	1	2	12	42	17	39
18	18	0	U.K.	77.20	21	44	25	17	4	20	22
19	20	+1	Australia	76.81	20	55	8	16	10	31	7
20	19	-1	Italy	76.73	26	15	28	21	41	25	12
21	22	+1	Canada	75.98	22	35	21	25	37	22	5
22	21	-1	Slovenia	73.64	18	8	27	41	11	16	27

출처: 블룸버그, "South Korea Leads World in Innovation as U.S. Exits Top Ten", 2021년 2월, https://www.bloomberg.com/news/articles/2021-02-03/south-korea-leads-world-in-innovation-u-s-drops-out-of-top-10?sref=GuNCfwqq

이 7가지 세부 지표 중 한국이 상위권을 차지하는 것부터 먼저 살펴보겠습니다. 첫 번째 '연구개발 집중도'는 각 국가가 얼마나 연구개발에 열의를 가지고 있는지 측정한 것입니다. 한국은 투자 총액으로는 세계 5위이고, 경제 규모를 조정해서 평가하면 이스라엘에 이은 세계 2위입니다. 두 번째 '제조업 부가가치'는 경제 내에서 제조업이 얼마나 성장에 기여했는지를 측정한 것입니다. 한국은 이 지표에서 아일랜드에 이어 세계 2위를 기록했습니다. 네 번째 '첨단기술 집중도' 부문에서는 한국이 세계 4위를 차지했습니다. 현재 반도체와 2차전지, 디스플레이, 스마트폰 등 첨단 산업이 성장을 주도하고 있으므로, 앞으로 이 순위는 계속 상승할 것으로 전망됩니다. 여섯 번째 '연구자 집중도' 부문에서는 세계 3위를 차지했습니다. 이 지표는 연구 및 생산의 근거지, 즉 클러스터가 얼마나 잘 형성되어 있는지를 측정한 것입니다. 참고로, 2014~2018년 기준으로 한국의 서울·수원 클러스터는 일본의 도쿄·요코하마, 중국의 홍콩·선전·광저우에 이은 세계 3위의 클러스터입니다. 일곱 번째 '특허 활동'은 한국이 세계 1위를 기록했습니다. 이 수치는 국가의 규모를 조정하여 평가된 것입니다. 절대 규모로 보면, 특허 활동 부문에서 중국이 세계 1위를 기록하고 있습니다.

이번에는 한국이 상대적으로 낮은 순위를 기록한 부문을 살펴보겠습니다. 세 번째 '생산성'은 노동자 1인당 생산량(output)을 측정한 것입니다. 생산성 부문에서 한국은 세계 36위로 많이 뒤처지고 있습니다. 1950년대 후반부터 60년 이상 동안 경제가 성장하고 있지만, 100년 또는 200년 이상 지속적으로 성장한 일부 선진국의 수준을 아직 따라잡지 못한 상태입니다. 다섯 번째 지표인 '고등교육 효율성' 역시 세계 13위에 그치고 있습니다. 한국이 대학 진학률은 높지만, 교육 수준과 연구 성과 측면에서 아직은 세계 상위권 수준과 격차가 있다는 것을 보여줍니다. 고등교육 효율성 부문에서 세계 1위는 '싱가포르 국립대학'과 '난양 공과대학' 등 세계적인 명문대를 다수 보유한 싱가포르입니다. 놀랍게도, 이 부문의 세계 2위는 리투아니아이며, 세계 3위는 포르투갈입니다.

앞으로 한국이 세계 1위의 혁신국가 지위를 지키려면 잘하는 분야는 더 잘할 수 있도록 격려할 뿐만 아니라, 생산성 및 고등교육 효율성 부문에 대해서 제도적으로 신경 쓸 필요가 있다고 봅니다.

MONEY TALK

자유무역은 경제에
어떤 영향을 미칠까?

세계화가 얼마나 가파르게 진행되었는지 파악하는 데 가장 도움이 되는 지표는 '국가 간 관세율'입니다. 다음의 그래프(157쪽 그림 참조)에서 볼 수 있듯이, 신흥국의 관세율은 1990년대 초반 약 40% 정도에 달했지만 2010년대 중반에는 10% 미만으로 떨어졌으며, 선진국의 관세율도 같은 기간 약 5%에서 2%대로 떨어졌습니다. 관세율의 지속적인 인하는 경제 불평등을 심화시키는 측면이 있습니다. 해외에서 생산된 저렴한 제품이 물밀듯이 들어올 때, 관세율까지 제로 수준으로 인하되어 있으면 내수 기업은 도태되는 수밖에 없습니다. 특히 내수 기업일수록 중소기업이 많기에, 관세율의 인하는 연쇄적인 도산 및 구조조정으로 이어지기 쉽습니다. 반면 수출 기업들은 관세율의 인하로 오히려 이익을 봅니다. 이때 자국의 관세율을 인하하면서 상대방의 관세율도 인하하라고 요구할 가능성이 높기에, 해외시장의 진출 가능성이 높아집니다. 그 결과 소

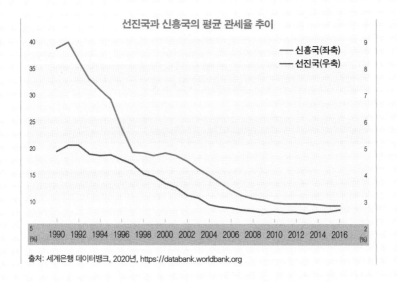

선진국과 신흥국의 평균 관세율 추이

— 신흥국(좌축)
— 선진국(우축)

출처: 세계은행 데이터뱅크, 2020년, https://databank.worldbank.org

수의 수출 대기업에 고용된 노동자들의 소득은 늘어날지 모르나, 다수의 내수 중소기업 노동자들의 형편은 더욱 악화될 가능성이 높습니다.

하지만 자유무역이 미치는 긍정적인 효과는 무시할 수 없을 정도로 큽니다. 자유무역으로 인한 직접적인 이익은 각 국가가 생산하기 어렵거나, 생산비용이 많이 드는 물품을 저렴하게 구할 수 있다는 것입니다. 요즘 한국에서 제일 인기 있는 와인이 칠레산인 것을 예로 들면 이해하기 쉬울 것입니다. 자유무역으로 얻을 수 있는 또 다른 이익은 '상품 다양성'입니다. 예를 들어 한국에서 만들어진 스마트폰뿐만 아니라 미국산 아이폰 같은 다양한 제품을 사용할 수 있는 것은 소비자들에게 큰 혜택을 제공하는 셈입니다. 자유무역으로 인한 세 번째 이익은 '생산성'입니다. 삼성의 갤럭시와 애플의 아이폰이 치열하게 경쟁하면 경제 전반의 생산성이 향상되기 때문입니다. 게다가 내수시장에 갇혀 있던 기업들이 경쟁력을 강화해 세계시장을 개척하는 부수적인 효과도 거둘 수 있습니다.

불황의 시대, 최선의 생존 해법

인구 감소는
자산시장에 어떤 영향을 끼칠까?

2020년 출생아 수가 27만 명에 그치면서 '인구 감소'에 대한 우려가 높아지고 있습니다. 게다가 행정안전부가 발표한 주민등록 인구통계에 따르면, 2020년 12월 기준 우리나라 주민등록 인구는 전년도인 2019년에 비해 약 2만 명 감소한 것으로 집계되어 큰 충격을 주고 있습니다.

한편 이 같은 '인구 감소가 부동산을 비롯한 자산시장에 어떤 영향을 미칠 것인가'에 대해서는 여러 의견이 엇갈리고 있습니다. 1990년 이후의 일본처럼 한국의 부동산시장도 걷잡을 수 없이 붕괴될 것이라는 주장을 펼치는 사람들도 있고, 큰 영향이 없을 것이라는 사람들도 있습니다. 저는 부동산시장과 인구 변화 사이에 아주 중요한 관계가 있다고 보기는 어렵다는 입장입니다.

2017년에 출간된 저의 책 《인구와 투자의 미래》에서 이 주제를 상세히 다루었는데, 한국보다 먼저 인구가 감소한 나라에서 부동산 가격이 급락한 징후를 찾아보기 어려웠습니다. 심지어 일본조차 인구 감소와 부동산시장 사이의 관계가 뚜렷하게 나타난 바가 없습니다. 특히 일본의 도쿄를 중심으로 한 아파트 가격은 2005년을 전후해 바닥을 찍은 후 지속적인 상승을 보이고 있습니다. 이러한 현상이 나타나는 이유는 무엇일까요? 일단 가장 직접적인 원인을 꼽자면 '금리'를 들 수 있습니다. 주요 선진국의 사례를 살펴보면, 인구 감소는 곧 물가상승률의 둔화 가능성을 높인다는 것을 알 수 있습니다.

다음 도표에서 세로축은 지난 20년(2001~2020년) 동안의 평균 물가상승률을 나타내고, 가로축은 같은 기간 총인구의 연평균 변화율을 나타냅니다. 이 도표에서 볼 수 있듯이, 인구가 줄어들면 물가 상승 압력이 낮아지고, 반대로 인구 증가율이 높은 나라는 물가상승률도 높은 것을 알 수 있습니다.

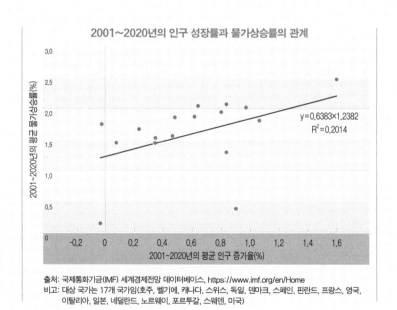

2001~2020년의 인구 성장률과 물가상승률의 관계

$y=0.6383\times1.2382$
$R^2=0.2014$

출처: 국제통화기금(IMF) 세계경제전망 데이터베이스, https://www.imf.org/en/Home
비고: 대상 국가는 17개 국가임(호주, 벨기에, 캐나다, 스위스, 독일, 덴마크, 스페인, 핀란드, 프랑스, 영국, 이탈리아, 일본, 네덜란드, 노르웨이, 포르투갈, 스웨덴, 미국)

불황의 시대, 최선의 생존 해법

이와 같은 현상이 나타나는 이유는 결국 '생산능력' 때문일 것입니다. 경제의 생산능력, 즉 상품이나 서비스를 제공해낼 수 있는 능력은 생산성 향상과 자본 투자의 영향으로 꾸준히 상승하는 반면, 인구가 점차 감소함에 따라 수요는 공급을 따라가지 못하는 현상이 나타난 것입니다. 그리고 물가상승률의 둔화는 이자율의 하락 가능성을 높이고, 이자율의 하락은 부동산이나 주식의 투자 매력을 높이는 요인으로 작용합니다. 이 대목에서 다음과 같은 의문을 제기하는 사람도 적지 않을 듯합니다. '인구가 감소함에 따라 경제성장률이 둔화되면, 결국 자산시장에 대한 수요도 둔화되지 않을까?' 하고 말입니다. 일리 있는 지적이지만, 인구 성장률과 실질소득 증가율의 관계는 그와 같이 맞아떨어지지는 않습니다.

다음의 도표는 주요 선진국의 인구 변화와 1인당 실질소득의 관계를 보여주

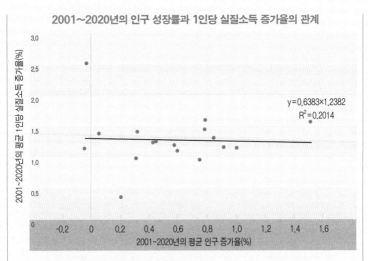

2001~2020년의 인구 성장률과 1인당 실질소득 증가율의 관계

출처: 국제통화기금(IMF) 세계경제전망 데이터베이스, https://www.imf.org/en/Home
비고: 대상 국가는 17개 국가임(호주, 벨기에, 캐나다, 스위스, 독일, 덴마크, 스페인, 핀란드, 프랑스, 영국, 이탈리아, 일본, 네덜란드, 노르웨이, 포르투갈, 스웨덴, 미국)

는데, 인구 변화가 실질소득에 별다른 영향을 미치지 못하는 것을 파악할 수 있습니다. 인구 감소로 인해 경제의 외형은 줄어들지 모르지만, 1인당 소득은 별다른 영향을 받지 않는 셈입니다. 다시 말해서 사람들이 이전보다 더 부유해짐에 따라 입지가 더 좋고, 상태가 더 나은 집을 선호할 경향이 높기에, 인구가 감소하더라도 주택 가격은 상승할 수 있다고 봅니다. 물론 인구가 줄어듦에 따라 빈집은 늘어날 수 있지만, 이것이 사회 전체적 측면에서 주택 가격의 하락으로 이어질지는 의문입니다. 일본의 사례를 살펴봐도, 인구가 감소하는 지역에서 빈집이 증가하는 것이 대도시의 집값과 어떤 연관이 있다고 보기는 어렵기 때문입니다. 주식 가격은 더 말할 나위가 없습니다. 한국의 주식시장은 수출 경기에 대단히 민감하고, 따라서 인구의 증감이 주식 가격에 큰 영향을 미친다고 보기는 어렵습니다.

CHAPTER 5

경제위기를
미리 알 수 있는 신호

만장일치의 위험과
과잉 대출 붐을 경계하자

경제 흐름을 읽고 위기를 예측할 수 있으려면 무엇을 살펴봐야할까요? 또 어떤 노력을 기울여야 경제위기에 잘 대처할 수 있을까요? 이를 위해서는 여러 경제지표를 알아야 하지만, 일단 가장이야기하고 싶은 부분은 '만장일치'의 출현 여부입니다.

2008년 초 모 은행에 근무하던 시절, 한 고위직 인사 분이 경제 전망 회의를 열었습니다. 앞으로 경제가 어떻게 될 것인지를놓고 여러 전문가들이 토의하는 자리였는데, 이때 '만장일치' 분위기가 나타났던 것을 잊을 수가 없습니다. 저를 제외한 거의 모든 발표자들이 "중국은 계속 성장할 수밖에 없고, 지리적 여건이나 산업의 연관을 고려할 때 한국의 대중(對中) 수출이 지속적으로 늘어날 것이므로 우리 경제도 고원(高原, plateau) 경제를 누릴 것"이라고 주장을 펼쳤던 것입니다. 즉 대관령처럼 높은 산 위에 평평한 들이 펼쳐지듯, 경제성장률이 안정적으로 높은 성장을 기록할 것이라는 이야기였습니다.

그러나 '고원 경제'라는 말은 그렇게 좋은 울림을 갖지 못합니다. 왜냐하면 1929년 대공황 발생 직전에 이런 종류의 낙관론이 곳곳에 출현했기 때문입니다. 미국 경제학계의 구루로 불리는 예일대학교의 어빙 피셔(Irving Fisher) 교수는 1929년 10월 14일 투자자 모임에서 "주가가 영원히 떨어지지 않을 고원에 이르렀다."고 자신 있게 말한 바 있습니다. 그러나 열흘 뒤 대공황의 시작을 알린 '검은 목요일(Black Thursday)'이 출현한 데 이어, 3년간 다우지수가 80% 이상 폭락하는 최악의 약세장이 찾아왔습니다. 어빙 피셔 교수처럼 매우 영향력 있는 인물이 대중 앞에 자신 있게 미래를 낙관하고, 전문가들 대부분이 경제를 낙관한다는 것은 오히려 매우 부정적인 신호라고 볼 수 있습니다. 낙관적인 경제 전망 속에서 사람들의 소비 붐이 발생하며, 시중금리가 높아질 것이기 때문입니다. 2008년 3월에 은행의 정기예금 금리는 5.3%에 달했는데, 이는 당시 우리 경제가 매우 호황이었음을 반증합니다. 이 정도의 금리를 제공하지 않으면 예금하지 않을 정도로 대다수 사람들이 소비 및 투자에 열을 올리고 있었던 셈입니다.

만장일치의 분위기가 나타날 때 경제가 엉망이 되는 또 다른 이유는 '공급 과잉' 때문입니다. 2008년 초에는 철강과 조선, 기계 부문 등의 대중 수출 관련 기업들의 주가가 계속 오르고 있었고, 또한 이 기업들은 매우 적극적으로 투자하고 있었습니다. 대표적인 예가 태양광 업종이었지요. 친환경 녹색성장에 대한 기대가 부풀어 오르는 가운데 태양광 업종에 공격적인 투자가 이어졌지만, 이후 10년에 걸친 폴리실리콘(polysilicon) 공급 과잉 및 가격 하락이 이어졌습니다. 물론 태양광 수요가 줄어들었던 것은 아닙니다. 다만 너무 공격적인 투자로 인해 수요보다 공급이 빨리 늘어났던 것이 문제였습니다.

따라서 명망 높은 전문가가 자신 있게 '호황이 찾아왔습니다'라고 이야기할 때, 나아가 사람들이 이 의견에 대해 반론을 제기하지 않고 동조할 때가 가장 위험한 순간일 수 있다고 생각합니다.

만장일치 분위기가 형성되는 것 못지않게 자주 불황을 일으키는 또 한 가지 요인은 바로 '과잉 대출'입니다. 대표적인 예로 2002~2003년의 카드 사태를 꼽을 수 있습니다. 2001년까지만 해도 한국의 카드 회사들은 돈을 빌려줬다가 떼이는 신용 위험에 대해 신경을 많이 써왔고, 그러했기에 미국의 신용카드 회사보다 연체율이 더 낮았습니다. 그러나 한국의 신용카드 업계는 이후

나락에 빠지고 말았습니다. 연체, 다시 말해 원금이나 이자를 제때 갚지 못하는 고객이 늘어나면서 어마어마한 손실이 발생했기 때문입니다. 금융기관이 미래의 손실에 대비해 적립해두는 돈을 '대손충당금'이라고 하는데, 이 대손충당금이 2001년 말에 2조 3,000억 원이던 것이 2002년 말에는 7조 3,000억 원으로 늘어났습니다.

그렇다면 당시 한국의 신용카드 업계가 왜 큰 위기에 빠졌을까요? 가장 직접적인 요인은 '규제 완화'라고 할 수 있습니다. 2000년 이전까지만 해도 신용카드 발급을 받으려면 엄격한 자격 증빙이 필요했습니다. 그런데 2002년 한 해 동안 발행된 신용카드 수는 2억 장을 넘어섰으며, 카드 이용금액도 1999년에 약 90조 원에서 2001년에는 443조 원으로 부풀어 올랐습니다.

이렇듯 신용카드 발급 및 이용금액이 급증한 이유는, 당시 한국 정부의 적극적인 신용카드 사용 촉진 정책 때문이었습니다. 예를 들면 신용카드 사용에 대한 소득공제 제도를 도입했고, 월 70만 원으로 정해져 있던 현금 서비스 이용 한도를 폐지했습니다. 그 결과 카드 회사들은 고객 유치를 위한 과당 경쟁에 나섰지요. 당시 이직을 위해 졸업증명서를 발급받으려고 오랜만에 모교를 방문했는데, 학교 정문에서부터 카드 회사의 가두판매 마케터의 행렬이 길게 늘어선 것을 보고 깜짝 놀랐던 기억이 납니다.

당시 정부가 신용카드 사용 촉진 정책을 펼친 이유는 2000년부터 시작된 경기 둔화 때문이었습니다. 정보통신 거품이 붕괴되는 가운데 내수경기를 부양할 목적으로 신용카드 사용을 촉진했던 것이지요. 물론 신용카드 사용을 촉진함으로써 자영업자들의 매출이 정확하게 파악되어 경제 내에 존재하는 숨은 지하경제의 규모를 축소하려는 목적도 있었습니다. 그러나 단기간에 신용카드 사용액이 폭발적으로 늘어남에 따라 경제력을 갖추지 못한 사람들의 연체가 급격히 늘어나기 시작했습니다. 2000년 일반은행의 신용카드 연체율이 7.7%이던 것이 2002년에는 8.6%까지 상승했고, 신용불량자는 무려 186만 명에 이르렀습니다.

사태가 이렇게 악화되다 보니, 경제에 심각한 충격이 발생할 수밖에 없었습니다. 결국 은행이나 카드 회사의 경영이 어려워지면서 정부의 감독이 엄격하게 이뤄졌고, 각 금융기관들이 뒤늦게 신용카드 이용을 규제함으로써 연쇄적인 악순환이 촉발되었던 것입니다. 은행이나 카드 회사가 갑자기 "대출금의 만기 연장이 어렵습니다"라고 통보할 때, 아무런 문제 없이 이에 대처할 수 있는 기업이나 가계가 얼마가 되겠습니까?

이와 같이 제도의 변화 등으로 갑작스러운 대출의 증가가 나타날 때는 일시적인 호황이 발생할 수 있지만, 이후에는 급격한 불황이 따르는 경우가 종종 있습니다. 급작스러운 대출 붐이 발생

경제위기를 미리 알 수 있는 신호

했다가 사그라들 때의 징후가 궁금한 독자들은 5장의 MONEY TALK "과잉 대출 붐이 끝나는 징후를 어떻게 확인할까?"를 참고하기를 권합니다.

핵심만 요약하자면, 대출이 크게 늘어나고 있는 가운데 연체율이 늘어나면 이는 대단히 위험한 신호라고 볼 수 있습니다.

불황을 촉발하는
외부 충격의 위험

만장일치 분위기가 형성되고 과잉 대출이 발생하는 것뿐만 아니라, 전쟁이나 전염병 같은 커다란 '외부 충격'도 불황을 유발하는 요인입니다. 1980년의 제2차 석유 위기와 1990년의 걸프전, 그리고 2020년의 코로나바이러스 대유행이 대표적입니다. 이러한 외부 충격이 불황을 유발하는 이유는 크게 두 가지 현상 때문입니다. 여기서는 전쟁을 예로 들어 설명해보겠습니다.

첫 번째는 '불확실성'입니다. 우리는 전쟁에서 누가 이길지 알기 어렵습니다. 전쟁 당사자들은 스스로 승자가 될 것이라는 확신을 가지고 행동하고 또 다양한 선전전(宣傳戰)을 펼치기에, 외부자는 최종 승자가 누가 될 것인지 예측하기 어려울 수밖에 없습니다. 따라서 전쟁은 그 자체만으로도 시장에 강한 충격을 줍니다. 1990년 걸프전만 하더라도 이라크의 공화국 수비대가 보유한 중동 최강의 전차들이 미국이 주도한 다국적군에게 큰 위협이 될 것이라고 전망하는 사람들이 많았습니다. 그러나 걸프전은 결국 다국적군의 일방적인 승리로 종결되었습니다. 여러 번 강조하지만, 우리는 세상에 대해 잘 모르며 시간이 지난 뒤에 '당연히 알고 있었던 일'처럼 기억을 바꾸는 일이 종종 벌어진다는 것을 기억해야 합니다.

외부 충격이 경제에 불황을 촉발하는 두 번째 이유는 '인플레이션'입니다. 전쟁 그리고 군대는 그야말로 '돈 먹는 하마'입니다. 전쟁에서 승리하기 위해서는 막대한 자원을 필요로 합니다. 수많은 군인을 훈련시키고 무장시키며 이를 유지하는 데에 막대한 비용이 소요됩니다. 비슷한 맥락에서 전쟁이 자주 발발하는 곳일수록 자원이 풍부하게 매장되어 있는 경우가 많습니다. 중동이나 카스피해 연안에서 그렇게 잦은 전쟁이 발생하는 이유가 결국은 석유 자원 때문임을 우리는 알고 있습니다.

따라서 전쟁이 벌어질 때면 경제에 다음과 같은 현상이 나타납니다. 첫째는 전쟁의 결과에 따라 큰 위기가 출현할 수 있다는 공포가 확산되면서 소비가 위축됩니다. '나의 소비는 다른 사람의 매출'이므로 결국 연쇄적인 악순환이 발생합니다. 기업이 소비 위축에 놀라 노동자를 해고하고, 해고된 노동자들이 다시 소비를 줄임에 따라 경제활동이 위축됩니다. 이 같은 외부 충격에 한국은 이중고를 겪을 가능성이 높습니다. 선진국으로의 수출이 줄어들 뿐만 아니라, 외국인 투자자들이 이탈하며 주식시장이 급락할 위험이 높아지기 때문입니다. 둘째는 금리 상승입니다. 전쟁으로 인해 발생한 인플레이션은 곧 금리 상승으로 연결됩니다. 예를 들어 물가 상승률이 2%일 때 발행된 채권은 금리가 4%만 되어도 인기리에 소화되겠지만, 물가 상승률이 5%가 될 때는 더 높은 금리를 제공하지 않으면 채권 발행이 어려울 것입니다. 기존처럼 4% 이자를 수령해서는 인플레이션을 견딜 수 없기 때문입니다. 물가가 5% 오르는데 금리는 4%이면, 사실 -1% 금리인 셈입니다. 따라서 인플레이션이 발생할 때는 금리가 상승하며, 이 같은 금리 상승은 주식이나 부동산시장은 물론 경제 전반에 걸쳐 강력한 수요 위축을 초래하게 됩니다. 즉 임금은 하락하는데, 물가만 오르는 일이 벌어지는 것이지요. 경제 전반의 수요가 위축되고 임금이 깎이는 중인데 금리가 상승하면 기업이나 가계 모두 큰 타격을 받을 수밖에 없습니다. 따라서 전쟁 등의 외부 충격이 본격화되기 전, 특히 승패의 전망이 불확실할 때는 경기 불황의 위험이 커집니다.

경제위기를 미리 알 수 있는 신호

가장 최근의 '코로나 쇼크'도 전쟁이나 테러와 비슷한 측면이 있습니다. 2001년 미국을 공격 대상으로 한 동시다발 테러(즉 9.11 테러) 이후 급격한 경기 위축이 발생했습니다. 왜냐하면 미국 국방부와 뉴욕의 쌍둥이 빌딩을 향해 납치된 비행기가 돌진하던 모습 그 자체도 대단히 충격적이었을 뿐만 아니라, 앞으로 어디가 추가적인 공격 대상이 될지 모른다는 공포가 사람들의 이동을 사실상 중단시켰기 때문입니다. 이런 면에서 2020년의 코로나 쇼크도 9.11 테러와 비슷한 특징이 있습니다. 코로나바이러스에 걸릴지 모른다는 공포와, 그 후유증이 얼마나 오래가고 치명적인지에 대한 정보 부족이 사람들의 이동을 가로막을 수 있기 때문입니다.

그러나 역사적으로 전쟁이나 테러, 전염병과 같은 외부 충격은 대부분 경제에 아주 오랜 기간 악영향을 미치지는 않았습니다. 전쟁과 테러 공격 등이 미친 충격은 단기간에 집중되는 경향이 있는 데다, 정부의 대응이 신속하게 단행될 경우 경기 회복의 시기를 당길 수 있기 때문일 것입니다. 이를 잘 보여주는 사례 또한 코로나 사태입니다. 최근 국제통화기금(IMF)이 발표한 경제전망 보고서에 따르면, 세계경제는 2020년에 -3.3% 성장의 충격에서 벗어나 2021년에는 +6.0%, 그리고 2022년에는 +4.4%의 고성장을 달성할 것이라고 추정하고 있습니다. 물론 미래에 대한 전망을 확신할 수는 없지만, 현재 세계적인 경제학자들이 판단하기에 앞으로 경제가 밝아질 것이라는 전망은 비교적 분명해 보입니다. 이러한 경기 회복을 예측하는 이유는 각국 정부가 적극적인 경기 부양 정책을 펼쳤기 때문입니다. 미국이나 유럽 등 대부분의 선진국 정책금리는 제로 수준으로 떨어졌고, 대대적인 재정 자금의 집행이 이뤄졌습니다. 그 덕택에 기업의 파산은 오히려 더 줄어들었고, 각 가계가 보유한 저축액이 늘어나는 기현상이 벌어졌습니다. 그리고 늘어난 저축은 주식이나 부동산 등의 자산시장에 유입되어 가격 상승을 유발했습니다. 따라서 외부 충격으로 인해 불황이 발생할 때 너무 비관적인 생각을 가질 필요는 없다고 봅니다.

장·단기 금리의 역전은
불황의 신호탄

경기 변동에 대해 살펴볼 때면 금리가 굉장히 중요하다는 것을 새삼 느끼게 됩니다. 이 점을 고려해 여기서는 경기의 방향을 예측하는 데 매우 큰 도움을 주는 핵심 지표인 '장·단기 금리 차'에 대해 알아보겠습니다.

앞에서 채권을 사례로 설명할 때 만기가 아주 긴 채권만 주로 다루었지만, 채권시장에는 다양한 만기를 보유한 채권이 존재합니다. 3개월 만기 채권이 있는가 하면, 30년 만기 채권도 종종 발행되어 거래되곤 합니다. 이 같은 채권은 정부가 발행한다는 점은 동일하지만, 만기가 서로 다른 채권의 경우 금리는 다르게 거래됩니다. 예를 들어 30년 만기 국채 금리가 2.2%인데 비해, 3개월 만기 국채 금리는 0.5%에 거래되곤 합니다.

이처럼 만기가 긴 채권의 금리가 높은 것은 두 가지 이유 때문입니다. 첫 번째는 30년이라는 긴 시간 동안 어떤 일이 벌어질지 모르기에, 투자자들은 만기가 긴 채권에 투자할 때 더 높은 금리를 요구하는 경우가 많습니다. 두 번째 이유는 장기채권 가격의 변동성이 커서 투자자들이 장기채권을 매입하는 것을 꺼린다는 점입니다. 장기채권 금리가 단기채권 금리보다 높아지는 원인에 대해서는 5장의 MONEY TALK "장기금리는 왜 단기금리보다 높을까?"에서 알아보도록 하고, 여기서는 장·단기 금리 차가 역전되는 현상에 대해 집중해 살펴보겠습니다.

역사적인 흐름을 살펴보면 장기금리가 단기금리보다 대체로 높게 형성되지만, 10년에 한 번꼴로 반대 현상이 벌어지기도 합니다. 즉 만기가 긴 채권의 금리보다 만기가 짧은 채권의 금리가 더 높아지는 일이 벌어지는 것입니다. 이 현상을 '장·단기 금리의 역전'이라고 합니다. 그리고 이런 일이 벌어질 때마다 불황이 시작됩니다.

장·단기 금리의 역전이 발생하는 이유는, 앞에서 살펴본 3가지 위기 요인(지나치게 낙관적인 경제 전망, 대출 부실화 위험, 전쟁과 같은 외부 충격)의 영향으로 채권 펀드매니저의 전망이 변화하기 때문입니다. 만기가 10년 또는 100년 이상에 이르는 채권을 개인이 투자하기는 굉장히 어렵기에, 장기채권은 은행이나 보험, 연기금 등 기관투자가들이 주로 투자합니다. 이 기관에서 일하는 펀드매니저는 자신의 투자 성과에 대해 책임을 져야 하므로, 지속적으로 경제의 장기적인 전망에 관심을 가질 수밖에 없습니다. 만약 앞에서 살펴본 요인으로 인해 인플레이션이 발생해 새로 발행된 채권의 금리가 급등하는 날에는 투자 실패의 책임을 고스란히 져야 할 수도 있기 때문입니다. 이런 까닭에 장기채권 투자자들은 경제 상황의 변화에 매우 예민합니다. 한마디로 장기채권 투자자들은 경제의 보초병 성격을 지니고 있다고 볼 수 있지요.

그런데 이런 투자 전문가가 보기에 미래 전망이 극히 어둡다면 어떻게 행동할까요? 앞으로 이자율이 더 하락할 것이라고 판단하여, 이전에 발행된 고금리의 장기채권을 매수하기 위해 노력할 것입니다. 예컨대 100년 만기 채권 B의 이자율이 5%인데, 내년에 발행될 100년 만기 채권 C가 2.5%의 이자에 그칠 것으로 예상된다면, 지금 당장 B 채권을 사는 것이 마땅할 것입니다. 그리고 투자자들의 매수세가 이어지는 과정에서 B 채권 가격이 상승할 것입니다. 이처럼 미래의 경제 전망이 어두울 때는 장기채권 금리가 떨어지고, 기존에 발행된 장기채권의 가격이 상승합니다.

한편 만기가 짧은 단기채권 A의 가격은 중앙은행의 정책 영향을 많이 받습니다. 중앙은행은 기본적으로 단기 금융시장에서 거래되는 채권, 예를 들어 환매조건부채권(RP) 금리를 결정하는데, 이를 '정책금리'라고 합니다. 1년에 여덟 번 열리는 금융통화위원회에서 결정하는 정책금리가 바로 '단기채권 금리'라고 생각하면 됩니다. 따라서 비슷한 만기를 가진 국채 금리도 정책금리와 함께 움직입니다. 그렇다 보니 단기금리가 장기금리보다 높아지는 것은 채권시장의 참가자들이 보기에, '현재 정책금리가 유지되면 곧 불황이 찾아올 것'이라는 예상이 담겨 있는 셈입니다.

예를 들어 2018년의 경제 상황을 살펴보겠습니다. 당시는 미국과 중국 간의 무역 분쟁으로 불확실성이 높아지는 중이었는데, 미국 중앙은행(Federal Reserve System, 연방준비제도, 통상 '연준'으로 불림)의 금리 인상이 계속 실시되었습니다. 2018년 초에는 1.5%였던 정책금리가 그해 연말에는 2.25%까지 인상되었습니다. 연준이 보기에 미국 경제가 너무 과열되어 있고, 물가 상승 압력이 계속 높아진다고 판단했던 것이지요. 그러나 금리 인상이 거듭됨에 따라 주식시장이 하락하기 시작했고, 채권시장의 참가자들도 불황이 시작될 수 있다는 생각에 장기채권을 사들이기 시작했습니다. 예를 들어 3.0%의 이자율을 주는 30년 만기 채권은 호황에는 그렇게 매력적이지 않지만, 앞으로 불황이 시작될 것이라고 예상될 때는 아주 매력적인 상품이 되는 것입니다. 따라서 2018년 하

경제위기를 미리 알 수 있는 신호

반기부터 미국의 10년 만기 국채 금리는 2%까지 내려가며 장·단기 금리의 역전 현상이 본격화되었습니다(최근의 장·단기 금리 차 동향은 5장의 MONEY TALK "미국의 장·단기 금리 차의 흐름을 어떻게 확인할까?" 참조). 그리고 1년쯤 지난 2020년 초부터 '코로나 불황'이 시작되었습니다. 장·단기 금리의 역전 현상이 코로나 불황을 가져온 것이 아니라, 경제 여건이 그만큼 안 좋은 상황에 발생한 코로나바이러스 대유행이 불황을 촉발하는 방아쇠 역할을 했다고 볼 수 있습니다.

5장을 정리하자면, 만장일치의 분위기가 형성되며 경제에 대한 낙관론이 팽배해지고, 규제 완화에 힘입어 과도한 대출이 벌어지며, 전쟁 같은 외부 충격이 발생하는 등의 영향으로 인해 채권시장 참가자들의 비관론이 높아질 때 장·단기 금리 차가 역전됩니다. 그리고 장·단기 금리의 역전이 나타날 때는 환율이 급등하고, 수출 전망이 악화되는 경향이 자주 관측됩니다.

그럼에도 한 가지 다행스러운 점은, 장·단기 금리가 역전된 후 1~2년이 지나야 불황이 찾아온다는 것입니다. 왜냐하면 경기가 좋을 때 정책금리가 인상되고 장·단기 금리가 역전되기 때문입니다. 경제가 아주 잘 돌아갈 때 대체로 만장일치의 분위기가 조성되기에, 미래 경기 전망이 어둡다고 주장하는 사람들의 이야기는 언론에 거의 보도되지 않고, 또 무시당하곤 합니다. 따라서 장·단기 금리 차가 마이너스를 기록할 때는 점진적으로 위험 자산의 비중을 줄이고, 달러 등과 같은 안전자산의 비중을 높이는 것이 바람직합니다. 반대로 장·단기 금리 차가 확대될 때는 불황의 공포가 완화될 것이므로, 이때는 점진적으로 달러의 비중을 줄이고 저평가된 주식이나 부동산에 투자하는 것이 좋습니다.

경제위기를 미리 알 수 있는 신호

MONEY TALK

과잉 대출 붐이 끝나는 징후를
어떻게 확인할까?

2002~2003년의 카드 사태, 그리고 2006~2008년의 미국 부동산담보대출 부실화 등의 사례를 보면, 금융위기가 얼마나 무서운 결과를 초래하는지 알 수 있습니다. 특히 최근 한국의 가계 부채가 급격히 증가하고 있다는 점을 고려할 때, 한국이 금융위기를 다시 겪게 되지 않을까 걱정이 앞섭니다.

이러한 의문점을 살펴보기 위해 큰 도움이 되는 것이 '연체율(delinquency rate)' 통계입니다. 이 통계는 앞에서 설명했던 미국 연준의 데이터베이스 인 FRED(Federal Reserve Economic Data)에서 손쉽게 찾아볼 수 있습니다. 구글 검색창에 'us delinquency rate'를 입력하면 미국 연준의 사이트인 'Delinquencies and Delinquency Rates, FRED, St. Louis Fed'가 나오는데, 이것을 클릭하여 들어가면 연체율 통계를 확인할 수 있습니다.

다음 그래프의 박스 표시한 부분에서 볼 수 있듯이, 미국의 부동산담보대출

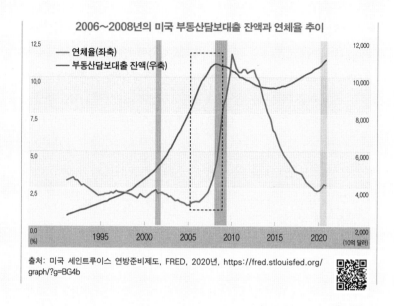

2006~2008년의 미국 부동산담보대출 잔액과 연체율 추이

출처: 미국 세인트루이스 연방준비제도, FRED, 2020년, https://fred.stlouisfed.org/
graph/?g=BG4b

이 지속적으로 늘어나던 2006~2008년에 연체율이 상승하는 일이 빚어졌습니다. 부동산담보대출이 꾸준히 늘어나고 있음에도 빚을 갚지 못하는 사람이 늘어난다는 것은 대출을 갚기 어려운 사람들(즉 빚을 갚을 여력이 없거나, 빚을 갚을 의지가 아예 없는 사람들 등)에게 무차별적으로 대출이 이루어졌다는 것을 시사합니다. 실제로 2007년 말부터 미국의 주택 가격은 급격히 하락하기 시작했고, 2008년 봄을 고비로 금융기관의 경영 여건이 악화되었습니다.

그렇다면 한국의 연체율은 어떻게 움직일까요? 이 통계는 한국은행의 데이터베이스인 경제통계시스템(ECOS) 사이트(http://ecos.bok.or.kr)에서 찾아볼 수 있습니다. 이 사이트에 들어가면 다음과 같은 화면이 나오는데(184쪽 그림 참조), 먼저 '3.7. 기타금융통계' 항목을 클릭합니다. 그러면 새로운 창이 하나 열리는데, 이때 '3.7.3 은행대출금 연체율' 항목을 클릭하면 여러 옵션을 선택할 수 있습니다. 일례로 저는 일반적인 시중은행의 연체율 상황이 궁금하니 '일반은행' 항목을 선택하고, 또 신용카드대출 상황에 관심이 많으므로 '신용카드대출' 항목을 선택했습니다. 마지막으로 '주기'를 설정하고 조회하면 그래프가 나오는데, 이를 통해 연간 연체율의 흐름이 어떻게 바뀌는지 파악할 수 있습니다.

이와 같이 설정한 대로 조회하면, 1998년 외환위기가 발생했던 때부터 최근까지의 '신용카드 연체율'을 파악할 수 있습니다. 피크였던 2002년에 8.6%이던 신용카드 연체율이 2020년에는 2.1%까지 떨어지는 등 예전에 비해 매우 건전해진 것을 확인할 수 있습니다.

한국은행 경제통계시스템(ECOS)의 연체율 통계 검색하기

① '3.7. 기타금융통계' 클릭

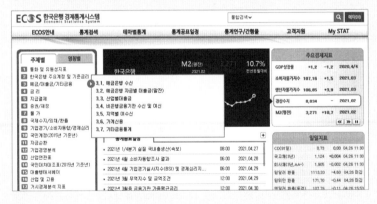

② '3.7.3 은행대출금 연체율' 클릭 - '일반은행' 선택 - '신용카드대출' 선택 - '주기'
설정 - 조회

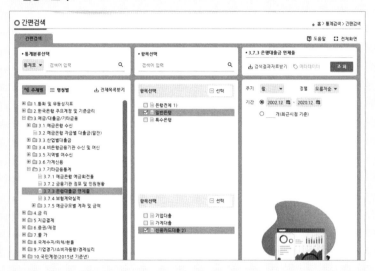

조회하여 출력된 '일반은행의 신용카드 연체율' 추이(1998~2020년)

출처: 한국은행 경제통계시스템, 2021년, http://ecos.bok.or.kr

경제위기를 미리 알 수 있는 신호

이번에는 일반은행의 '가계대출 연체율'을 살펴보겠습니다. 위 ②번 화면에서 신용카드대출 말고, '가계대출' 항목을 선택하여 동일한 방법으로 조회하면 됩니다. 그럼 다음의 그래프에 나타난 것처럼, 가계대출 연체율은 1998년에 7.1%에서 2015년에는 0.3%까지 떨어졌고, 2020년에는 0.2%까지 낮아진 것을 확인할 수 있습니다. 따라서 적어도 2020년까지는 한국 가계대출 위험이 심각하지는 않다고 볼 수 있습니다. 주택시장 붐이 지속되고 있고, 저금리 흐름이 강화된 이유로 보입니다. 하지만 금융위기에 대비하기 위해 꾸준히 가계대출 연체율 흐름을 점검할 필요가 있습니다.

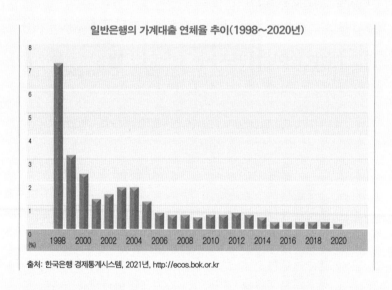

일반은행의 가계대출 연체율 추이(1998~2020년)

출처: 한국은행 경제통계시스템, 2021년, http://ecos.bok.or.kr

MONEY TALK

장기금리는
왜 단기금리보다 높을까?

장기금리가 단기금리보다 높은 수준에서 형성되는 이유를 살펴보기 위해, 매년 5원의 이자를 주는 100원짜리 채권(원금도 100원)을 예로 들어 설명해 보겠습니다. 그리고 어느 해 1월 1일, 한국 정부가 '만기 1년짜리 채권 A'와 '만기 100년짜리 채권 B'를 같은 조건으로 발행한 경우를 살펴보겠습니다. 여기서 채권 A와 채권 B는 모두 1년에 5원의 이자를 주는 채권입니다. 그런데 갑자기 여름에 국제유가가 급등하면서 인플레이션 압력이 높아져 7월에 발행된 '만기 100년짜리 채권 C'의 이자율이 10%가 되었다면 어떤 일이 벌어질까요?

이때 만기 100년짜리 채권은 원금이 거의 의미가 없습니다. 왜냐하면 매년 2~3%의 인플레이션이 발생하는 것만으로도 채권의 실질적인 가치는 뚝뚝 떨어지기 때문입니다. 제가 1993년에 첫 직장생활할 때 받은 월급이 100만 원이었습니다. 당시 100만 원은 매우 높은 임금이었고, 이 돈을 가지고 월세도 내고, 또 저축도 가능했습니다. 그러나 28년이 흐른 지금의 기준으로 보면, 최저 임금에도 미치지 못하는 돈에 불과합니다. 이것이 바로 인플레이션의 무서움이 지요. 따라서 만기가 긴 채권은 매년 얼마나 되는 이자를 주느냐가 매우 중요합 니다. 위 예에서 새로운 채권 C가 10원의 이자를 주면, 기존에 발행된 채권 B 의 인기는 바닥으로 떨어질 것입니다. 채권 C가 10%의 이자를 지급하니, 채권 B도 10%로 이자를 맞춰주지 않으면 시장에서 거래가 안 될 것입니다. 결국 채 권 B의 가격은 50원까지 떨어져야 합니다. 왜냐하면 매년 5원의 이자를 주기로 약정한 채권이기에, 채권 가격이 50원까지 떨어져야 이자율 10%를 맞출 수 있 기 때문입니다.

반면에 단기채권 A는 이 같은 상황 변화와 별 연관이 없습니다. 어차피 만기 가 1년에 불과하기에 새로 발행된 장기채권 C의 금리가 10%가 된 것에 큰 영 향을 받지 않습니다. 단기채권 A를 보유한 사람들은 연말이 되어서 약정된 원 금 100원만 받으면 끝이지요. 따라서 채권 A의 가격은 시중금리 변동에 큰 영 향을 받지 않습니다.

이 사례를 통해 우리는 한 가지 사실을 알 수 있습니다. 만기가 긴 채권(B 또 는 C 채권)은 만기가 짧은 채권(A 채권)에 비해 더 높은 이자율을 제공할 것이 라는 점입니다. 같은 이자를 준다면 누구나 만기가 짧은 채권 A를 살 것이기 때 문입니다. 기본적으로 채권을 매입하는 사람들은 보수적인 성향인데, 채권 가 격이 갑자기 몇십 퍼센트 이상 폭락할 위험이 있는 채권을 보유하려 들지 않을 것이기 때문입니다. 따라서 만기가 긴 채권(B 또는 C 채권)은 만기가 짧은 채권 (A 채권)보다 더 높은 금리를 제공하는 것이 일반적입니다.

MONEY TALK

미국의 장·단기 금리 차의 흐름을 어떻게 확인할까?

미국의 장·단기 금리 차를 확인하기 위해서는 구글에서 'us 10 2'를 입력하여 검색하면 됩니다. 여기서 '10'이란 10년 만기 국채 금리를 뜻하며, '2'는 2년 만기 국채 금리를 지칭합니다. 두 국채는 다양한 만기를 가지는 미국 국채 중에 가장 거래량이 많은 채권들이라, 장·단기 금리를 측정할 때 자주 이용됩니다. 위 용어를 입력하면 다음의 박스 표시한 부분(190쪽 상단 그림 참조)과 같이 제일 상위에 미국 연준의 데이터베이스인 'FRED 사이트(10-Year Treasury Constant Maturity Minus 2-Year Treasury Constant Maturity)'가 나옵니다.

FRED 사이트로 들어가서 주기를 설정(예컨대 1980~2020년)하면, 다음과 같이 1980년 이후 장·단기 금리 차와 경기순환의 관계가 출력됩니다(190쪽 하단 그림 참조). 여기서 그래프 내에 음영으로 표시된 부분은 '불황'을 나타냅

경제위기를 미리 알 수 있는 신호

미국 장·단기 금리 차의 추이 검색하기

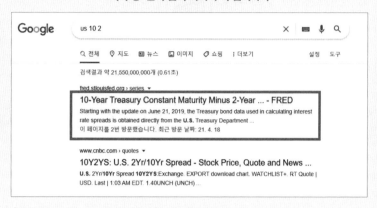

출처: 구글, https://www.google.co.kr/search?q=us+10+2&sxsrf

출처: 미국 세인트루이스 연방준비제도, FRED, 2021년, https://fred.stlouisfed.org/graph/?g=BFli

니다. 이 그래프를 보면, 장·단기 금리 차 역전(즉 마이너스) 후에 불황이 뒤따르는 것을 발견할 수 있습니다. 다행스럽게도 2021년 4월 말 현재 장·단기 금리 차가 급격히 벌어지고 있습니다. 경기 회복에 대한 기대가 높아지고, 연준의 통화 공급 확대가 인플레이션을 유발할 것이라는 예상까지 부각되면서 장기금리가 상승하고 있기 때문입니다. 하지만 수년 혹은 십수 년 뒤라도, 또다시 장·단기 금리 차가 마이너스로 돌아설 때(장기금리가 단기금리보다 낮아질 때)는 불황의 위험이 높아졌음을 인지하고 적절하게 대응하면 좋을 것 같습니다.

경제위기를 미리 알 수 있는 신호

CHAPTER 6

잃지 않는 투자를 위한
매수 타이밍

대주주가 매수에 나서는
기업을 눈여겨보자

2020년 3월이나 2018년 12월처럼 주식시장이 폭락할 때는 저평가된 기업이 넘쳐납니다. 그러나 이때 주가가 싸다고 아무 주식이나 고르면 낭패를 볼 수 있습니다. 왜냐하면 불황에 싸 보이던 기업의 실적이 망가질 수도 있고, 심지어 기업이 무너질 수도 있기 때문입니다. 그렇다면 이처럼 주식시장이 폭락할 때는 어떤 기업을 매수해야 할까요?

여러 기준이 있겠지만, 저는 '내부자 매수'가 발생한 기업을 최우선적인 매수 대상으로 삼습니다. 내부자란, 기업의 사정을 잘 아는 내부 관계자를 뜻합니다. 물론 직원도 내부자에 속하지만,

여기서는 그룹의 총수나 그의 직계가족, 또 최고경영자처럼 기업의 최고 의사결정 과정에 참여하거나 관계를 맺고 있는 사람을 지칭합니다.

제 경우 2002년 모 그룹 계열 증권사에 근무할 때 겪었던 경험이 '내부자 매매'에 관심을 가지는 계기가 되었습니다. 당시 모 그룹의 지주회사(다른 자회사의 모회사 역할을 하는 기업) 주가가 2,000원을 깨고 하락한 일이 있었습니다. 여러 신규 사업에 진출했다가 실패를 겪은 후, 결국 몇몇 사업 부문을 정리하며 어마어마한 손실을 입었기 때문입니다. 그때 바로 지배주주의 자녀에 대한 주식 증여 공시가 발표되었습니다. 공시(公示)란, 상장기업의 중요한 의사결정을 외부에 알리는 일을 의미합니다. 참고로, 금융감독원이 운영하는 전자공시시스템인 'DART(http://dart.fss.or.kr)'에는 상장기업의 중요한 정보 변화가 게재되어 있으니 꼭 참고하기 바랍니다(6장의 MONEY TALK "전자공시시스템 'DART' 어떻게 이용할까?" 참조).

상장기업의 공시 중에서도 대주주의 지분 변동, 특히 자녀에 대한 증여는 매우 중요합니다. 가족 간에 증여할 때는 일정 금액까지는 면세가 되지만, 수백억 이상의 가치를 지닌 주식을 증여할 때는 높은 세율이 부과되기 때문입니다. 막대한 세금을 내면서까지 자녀에게 주식 증여를 결정한 것은 어떤 '신호'를 주는 행동이라고 볼 수 있습니다. 한마디로 '지금 주가는 매우 저평가되어 있고, 앞으로 더 오를 가능성이 높다'는 것입니다.

예를 들어 적정 주가가 1만 원인 주식이 2,000원에 거래되고 있다면, 지금 자녀에게 증여하는 것이 훨씬 이익이 될 수 있습니다. 왜냐하면 세금은 증여 당시의 시장가격으로 부과되기 때문입니다. 따라서 2002년 당시 모 그룹 회장의 '증여'는 일종의 절세 행위였던 셈입니다. 그러면 그 뒤에 어떤 일이 일어났을까요? 2003년 초반에는 주가가 일시적으로 1,300원까지 내려가기도 했지만, 이후 잇따라 계속 상승하기 시작해서 2007년 10월에는 주가가 8만 원의 벽을 뚫기에 이르렀습니다. 거의 50배에 이르는 어마어마한 상승이었습니다. 아쉽게도 저는 이 절호의 기회를 놓쳤습니다. 당시 공부가 부족해 지배주주의 증여가 어떤 의미를 지니는지 제대로 파악할 능력이 없었던 탓입니다.

독자 여러분은 '주가가 폭락한 우량 기업의 대주주가 자녀에게 주식을 증여하거나' 또는 '승계 과정에서 핵심 기업의 지분을 확보하지 못한 2세가 주식을 매입하는 경우' 같은 투자 기회를 놓치지 않았으면 합니다. 물론 내부자가 이와 반대로 주식을 매매하는 경우는 주식 매도의 신호입니다. 대주주 또는 그 직계가족이 매도하는 기업의 주식에 대해서는 되도록 비관적인 관점에서 접근하는 것이 타당합니다.

배당이 보내는
신호 읽기

대주주의 주식 매수 못지않게 긍정적인 매수 신호로는 '배당금 인상'을 꼽을 수 있습니다. 배당이란, 기업이 주주들에게 그동안 투자 자금을 제공해준 것에 대한 감사의 의미로 나누어주는 현금을 말합니다. 기업의 설립 초기에는 이익을 내기가 힘듭니다. 장비도 사야 하고, 뛰어난 인력을 스카우트해야 하며, 판매망을 구축하기 위해 영업 조직은 물론 지사를 세계 곳곳에 설립해야 합니다. 당연히 적자가 날 수밖에 없고, 이때 증자 등의 형태를 통해 주주들로부터 사업 자금을 조달하는 것이 일반적입니다. 그러다 사업이 어느 정도 궤도에 오르면 더 이상의 투자 자금은 크게 필요 없기에, 남는 돈을 배당의 형태로 주주들에게 지급하게 됩니다.

이렇듯 어떤 기업이 배당을 지급하면, 그 순간 투자자들의 평가가 달라집니다. 현금을 주는 기업을 싫어할 주주는 없습니다. 그리고 이런 주주들의 반응은 또 다른 연쇄적인 효과를 불러옵니다. 배당을 지급하는 기업에 투자하는 사람들의 성향이 달라진다는 것입니다. 투자하자마자 수십 혹은 수백 퍼센트의 성과를 기대하며 주식을 매매하는 투자자들보다는, '이자보다 조금 더 나은 성과'를 추구하는 성향의 투자자들이 주주 명부에 오르게 되는 것입니다.

그렇다 보니 변화된 주주 구성으로 인해 기업들은 배당을 결정할 때 매우 신중할 수밖에 없습니다. 배당금을 인상했다가 경제위기 등으로 인해 배당을 중단하게 되는 경우, 주주들이 크게 실망해서 주식을 팔 것이기 때문입니다. 또한 주가의 폭락은 그 자체로 기업에 대한 신뢰를 떨어뜨리는 요인으로 작용할 것입니다. 은행 등 금융기관이 기업의 주가가 빠진 것에 놀라 거래 관계를 점검할 수도 있습니다. 또 주가 폭락 뉴스를 접한 거래처들이 이 기업에 큰 문제가 생긴 것은 아닌지 우려하며 의심스러워할지도 모릅니다.

이처럼 배당은 한번 올리기는 쉬워도 내리기는 어려운 구조를 가지는 까닭에, 자체로 시장 참가자들에게 중요한 '신호'로 간주됩니다. 즉 배당이라는 선택이 기업의 사정을 알려주는 역할을 하는 것입니다. 신호등이 정지 또는 주행 신호를 제공하듯, 배당이 기업의 내부자와 외부자 간에 정보를 교류하는 방식으로 작동한다는 뜻입니다.

어느 기업의 상황을 예로 들어 살펴보겠습니다. 이 기업은 미래 전망이 아주 밝은 프로젝트를 가지고 있는데, 이를 주주들에게 알리고 싶어 합니다. 그리고 주주의 구성을 연기금 등과 같이 장기투자자로 바꾸고 싶은 생각도 가지고 있습니다. 매일같이 주식을 샀다가 팔아 치우는 사람들이 아닌, 한번 주식을 매입하면 꾸준히 주식을 보유하려는 성향의 사람들로 주주 명부를 구성하려는 꿈을 가지고 있는 것입니다. 이 목표를 달성하기 위해서는 '배당'이 매우 중요합니다. 배당은 한번 지급된 후에는 앞으로도 꾸준히 이어질 것이라는 기대가 형성되기에, 아무 기업이나 배당을 지급하겠다고 선언하기 어렵습니다. 이런 의미에서 배당은 일종의 값비싼 신호인 셈입니다. 결혼을 약속한 커플이 귀한 예물을 교환하듯, 상대에 대해 진지하게 생각하고 있고 또 앞으로 오랫동안 같이하겠다고 선언하는 것과 다를 바 없습니다.

만약 2020년 3월처럼 경제가 어려움에 처했을 때, 어떤 기업이 '배당을 인상하겠다'라고 발표하면 그 반응은 폭풍 같을 것입니다. 미래 경제 전망이 어두운데도 배당을 인상한다는 것, 다시 말해 불황이 닥쳤는데도 기업이 보유한 현금을 주주들에게 나눠 준다는 것은 보통 기업이 할 수 없는 일이기 때문입니다.

따라서 불황이 닥쳐 주가가 폭락할 때, 배당을 인상하거나 또는 최소한 유지한다고 공시한 기업은 최우선적인 매수 대상이 될 수 있으리라 생각합니다.

주가가 폭락할 때가
우량 성장주를 매수할 타이밍

사실 내부자가 주식을 매입하고, 불황에도 배당을 인상하는 기업은 대단히 드뭅니다. 따라서 주식을 매입하려는 투자자들은 또 다른 기준이 필요합니다. 이때 좋은 투자 대안이 바로 '우량 성장주'입니다. 성장주란, 다른 기업들에 비해 성장 속도가 매우 빠른 기업을 통칭합니다. 이런 기업은 성장성이 높은 반면, 주식 가격이 비쌉니다. 절대가격이 비싸다는 뜻이 아니라, 지난해 기록한 이익에 비해 주가 수준이 비싸다는 뜻입니다. 주당순이익에 비해 주가가 100배에 거래되는 기업, 즉 주가수익비율(PER)이 100배에 거래되는 기업도 종종 발견할 수 있습니다.

이러한 성장주는 투자자 입장에서 좋은 것은 알겠는데 비싸다는 생각이 들어 선뜻 매수를 결정하기가 어렵습니다. 그러나 불황이 닥칠 때는 성장주도 함께 폭락하기 때문에 매력적인 성장주를 싸게 구입할 기회가 종종 나타납니다. 2020년 3월을 떠올려 보면, 미국을 대표하는 30개 우량 기업으로 구성된 다우존스 산업평균지수(이하 '다우지수'로 칭함)가 고점에 비해 30% 이상 폭락한 바 있습니다. 그런데 다우지수에 포함된 기업 중 전염병 유행으로 큰돈을 벌 가능성이 높은 바이오 기업마저 함께 폭락했음을 잊어서는 안 될 것입니다.

코로나 백신을 개발하여 더욱 이름을 높인 세계적인 제약 회사 화이자(Pfizer, 종목 티커는 PFE)의 사례가 대표적입니다. 2020년 1월 17일 화이자의 주가는 38.38달러를 기록했지만, 전염병의 세계적 확산에 대한 공포가 높아진 3월 20일에는 27.48달러까지 떨어졌습니다. 물론 같은 기간 다우지수 하락률(-34.78%)에 비해 화이자의 하락률(-28.4%)이 상대적으로 낮았지만, 2020년 12월 8일 화이자의 주가가 42.56달러까지 상승한 것을 감안하면 3월의 폭락은 정상적인 논리로 설명하기 어려운 패닉이었다고 볼 수 있습니다. 그런데 주식시장에는 이런 일이 자주 벌어집니다. 어떤 충격으로 주식시장이 붕괴될 위험에 처하면 옥석구분 없이 주가가 함께 빠지는 일이 허다합니다. 아마 투자자들이 끔찍한 주가 하락에 놀라 상대적으로 주가가 덜 빠진 기업마저 매도하기 때문이 아닐까 생각합니다. 물론 주식형 펀드에 대한 환매가 늘어나면서, 펀드매니저들이 어쩔 수 없이 주식을 팔았기 때문일 수도 있습니다.

이러한 요인을 고려하면 주식 가격이 폭락할 때는 우량 성장주가 가장 우선적인 매수 대상이라고 볼 수 있습니다. 성장주는 매우 빠르게 성장하는 기업이기에 극심한 불황에도 어느 정도의 성장을 기대할 수 있다는 점이 매수자에게 위안을 줍니다. 불황에는 기업들 대부분이 매출 감소로 고통받기에, 마치 눈 덮인 겨울 벌판에 핀 한 송이 꽃처럼 불황에 성장세를 이어가는 성장주에 대한 관심이 높아집니다.

물론 주가수익비율이 높다고 해서 모두 성장주인 것은 아닙니다. 주가는 비싼데 실적이 나빠져 주가수익비율이 올라가는 경우도 있기 때문입니다. 즉 분모에 해당되는 기업 실적의 악화로 주가수익비율이 올라간 것인지, 아니면 이익이 개선될 것이라는 기대 때문에 주가수익비율이 높은 것인지를 구분하는 과정이 필요합니다. 이 작업을 거치고 나면, 성장주를 다음과 같이 5가지로 나눌 수 있습니다. 이 분류는 제 투자 경험과 관련 문헌을 통해 공부하여 느낀 바를 개인적으로 정리한 것이므로, 참고 자료 정도로 살펴보기 바랍니다.

첫 번째 성장주 그룹은 '브랜드 가치'를 지닌 주식으로 구성됩니다. 동종 산업 내에 압도적인 브랜드 파워를 자랑하는 기업으로, 다우지수 구성 종목 중에서는 코카콜라(KO)와 나이키(NKE)가 여기에 해당됩니다(기업명 괄호 안의 영어 약자는 '종목 티커'임. 이하 동일). 이들 기업은 불황이 끝나고 회복 국면에 접어들 때 가장 빨리 회복되는 경향이 있는데, 이는 소비를 늘리겠다고 결정하는 순간 제일 먼저 떠오르는 브랜드이기 때문일 것입니다. 예를 들면 한국에서는 고가 화장품 브랜드인 '후'를 보유한 LG생활건강(051900)을 꼽을 수 있습니다. 그 밖에 유럽 증시에 상장된 명품 브랜드인 에르메스(HRMS)나 루이비통그룹(LVMH)도 브랜드 가치를 지닌 성장주 그룹에 포함될 수 있다고 봅니다.

두 번째 성장주 그룹은 '교체비용이 크거나' 또는 '대체하기 어려운' 제품을 생산하는 기업들입니다. 이들 기업은 불황에 투자하기 적합한 성장주라고 생각됩니다. 대표적인 기업이 마이크로소프트(MSFT)입니다. 이런 성장주 그룹은 고객(기업 및 가계 고객)이 경쟁 제품이나 서비스로 갈아타기에 매우 어렵거나, 비용이 많이 들기에 어쩔 수 없이 사용할 수밖에 없는 제품을 생산하는 기업들입니다. 마이크로소프트 이외에 영상 및 이미지 편집 프로그램을 만드는 어도비(ADBE)도 강력한 경쟁력을 가지고 있다고 볼 수 있습니다. 저처럼 유튜브 채널을 운영하는 사람들 중에 어도

비 제품을 사용하지 않는 사람은 드물 테니까요.

세 번째 성장주 그룹은 '비밀'을 확보하고 있는 기업들입니다. 이를테면 특허나 지식재산권, 그리고 강력한 콘텐츠를 다량 보유한 기업들이 여기에 속합니다. 화이자(PFE)와 유나이티드헬스 그룹(UNH), 존슨앤드존슨(JNJ) 같은 기업이 대표적입니다. 이들 기업은 제약 분야에 매머드급의 약을 대거 보유하고 있을 뿐만 아니라, 코로나 백신 개발에서도 두각을 나타내고 있습니다. 그 밖에 월트 디즈니 컴퍼니(DIS)와 액티비전 블리자드(ATVI)도 경쟁 기업이 모방하기 어려운 콘텐츠를 보유하고 있습니다. 한국에서는 스튜디오드래곤(253450) 같은 기업을 꼽을 수 있겠습니다.

네 번째 유망 성장주 그룹은 '가격 경쟁력'을 보유한 기업들입니다. 기업이 제공하는 제품이나 서비스가 다른 경쟁 기업에 비해 압도적으로 저렴할 때, 이 기업들은 사랑받을 수밖에 없습니다. 대표적인 예로 아마존(AMZN)과 코스트코(COST)를 들 수 있습니다. 한국의 삼성전자(005930)와 현대차(005380), SK하이닉스(000660)도 여기에 포함될 수 있습니다. 물론 다른 경쟁자가 압도적인 가격 경쟁력을 갖추고 치고 들어온다면 이들 기업도 성장주로서의 특성을 잃어버릴 수 있습니다. 하지만 이들 기업은 지속적으로 혁신을 추구하고 있고, 가파른 학습곡선을 타고 있기에 쉽게 무너지지 않으리라 생각합니다.

마지막으로, 다섯 번째 성장주 그룹은 '플랫폼'을 가진 기업들입니다. 플랫폼이란, 쉽게 말해서 생산자와 소비자가 서로 원하는 가치를 거래할 수 있는 장터 역할을 하는 운영체제라고 볼 수 있습니다. 이때 성공한 장터가 되기 위해서는 두 가지 요소가 필요한데, 첫째는 규칙이고, 둘째는 고객입니다. 제대로 규칙을 만들지 못하면, 장터는 난장판이 될 뿐만 아니라 전쟁터가 되어버릴 것입니다. 또 고객이 충분히 많지 않다면 사람들은 굳이 이 장터를 이용할 이유가 없을 것입니다. 이런 요건을 갖추고 플랫폼을 잘 구축한 기업을 생각해보면, 유튜브를 가지고 있는 알파벳(GOOGL)이나, 세계 최대의 사회관계망 서비스(SNS)를 보유한 페이스북(FB), 그리고 애플(APPL)이 여기에 포함될 수 있을 것입니다. 이들 기업에 비해 상대적으로 부족한 면이 있지만, 한국의 네이버(035420)와 카카오(035720)도 거대한 플랫폼 기업으로 성장해가고 있다고 생각합니다.

지금까지 성장주에 대해 살펴보면서 왜 테슬라(TSLA)를 언급하지 않는지 궁금해하는 사람들이 있을 것입니다. 사실 테슬라 같은 소비재 부문의 신흥 기업은 주가 폭락 국면에서 대규모로 매수하기에는 어려움이 많습니다. 지금까지 예로 든 다른 성장주 기업들은 어떤 '상품'이 히트할지 걱정하거나 궁금해할 필요가 없습니다. 대단히 강력한 제품군을 이미 만들어 놓았거나, 다

잃지 않는 투자를 위한 매수 타이밍

양한 제품 포트폴리오를 가지고 있기 때문이지요. 그러나 테슬라 같은 신생 기업들은 단 하나의 상품만 문제가 생겨도 생존이 어려워질 수 있습니다. 이와 관련된 가장 대표적인 테슬라의 일화를 하나 소개해보겠습니다. 2017년에 테슬라의 최고경영자 일론 머스크(Elon Musk)는 다음과 같은 이야기를 한 바 있습니다.

"(테슬라의 신형 모델3가) 생산 지옥(production hell)에 빠졌다."

당시 테슬라는 신형 전기차인 모델3를 생산하기 위해 총력을 기울이고 있었습니다. 일론 머스크는 매주 5,000대의 자동차를 생산하겠노라고 선언했지만 양산이 끝없이 미뤄졌습니다. 미국 네바다주에 있는 공장의 배터리 조립 공정에 큰 문제가 생겼기 때문입니다. 이 영향으로 2017년 6월 29일 76.69달러에 달했던 테슬라의 주가는 2018년 10월 12일에 51.76달러까지 떨어졌습니다. 또한 테슬라의 장기적인 주가 흐름을 보면, 첨단 소비재 주식에 투자하는 것이 얼마나 어려운 일인지 새삼 느끼게 됩니다.

6장의 내용을 정리하자면, 불황이 찾아와 보유하던 달러를 매도해 주식을 매입할 때 다음과 같은 특징을 지닌 기업을 최우선으로 하여 매수 종목 리스트에 포함시키면 좋을 것 같습니다.

1. 주가 폭락 후, 지배주주가 적극적으로 주식을 매입하거나 또는 자녀에게 증여할 때

2. 불황에도 배당을 인상하거나, 신규로 배당을 지급할 때

3. 5가지의 특성(브랜드 파워, 교체비용, 비밀, 가격 경쟁력, 플랫폼)을 지닌 우량 성장주가 패닉 속에 폭락할 때

이외에도 효과적인 투자 방법은 존재합니다. 예를 들어 역발상 투자전략도 불황에 적합한 전략이라고 주장하는 사람들이 분명히 있을 것입니다. 그러나 이런 투자 방법에 대해서는 여러 의견이 엇갈립니다. 주식시장을 바라보는 투자 철학이 개인마다 서로 다르기에 충분히 반론을 제기할 수 있는 것입니다. 따라서 다음에 이어지는 7장에서는 주식시장을 좀 더 진지하게 바라보고 투자하는 사람들을 위해 '주식시장의 주요한 양대 학파'에 대해 알아보겠습니다.

전자공시시스템 'DART'
어떻게 이용할까?

한국을 대표하는 성장주가 싸게 거래되고, 내부자마저 주식을 매수하는 신호가 포착될 때 이 기회를 놓치지 않고 매수하기 위해서는 DART 사용법을 익혀 둘 필요가 있습니다. 먼저, 검색 포털에 'DART'라고 입력하면 '금융감독원 전자공시시스템(http://dart.fss.or.kr)'이 검색되는데, 이 사이트를 클릭하면 ①번과 같은 DART의 홈페이지 메인 화면이 나옵니다(211쪽 그림 참조).

예를 들어 '현대자동차' 공시에 대해 살펴보고 싶다면, DART 검색창에 기업명을 입력합니다. 저는 여러 공시 중에서 '지분공시'에 관심이 있기에 이 항목을 선택했습니다. 기간을 설정하고, 하위 항목 중 '임원·주요주주 특정증권 등 소유상황보고서'를 선택하여 검색한 결과는 ②번 화면과 같습니다(212쪽 상단 그림 참조). 이 리스트에서 저는 '정의선 부회장의 소유상황보고서'를 선택했습니다. 이 항목을 선택하면 새로운 창이 열리는데, 저는 '특정증권 등의 소유상황' 변화에 관심이 있기에 해당 항목을 선택했습니다. 그러면 ③번과 같은 공시 정보가 검색됩니다(212쪽 하단 그림 참조).

이 공시 정보를 통해 주식시장이 붕괴되었던 2020년 3월 24일, 정의선 부회장이 현대자동차 주식 6만 5,464주를 평균단가 6만 8,567원에 취득했음을 확인할 수 있습니다. 약 45억 원을 들여 주식을 취득한 셈입니다. 정의선 부회장의 주식 취득은 이번 한 번으로 그치지 않고, 여러 번 행해졌습니다. 그 전날인 2020년 3월 23일에는 13만 9,000주를 평균단가 6만 8,435원에 취득했으니 95억 원 이상 매수한 것입니다. 이런 식으로 우량 성장주의 공시 상황만 주기적으로 검색해도(또는 신문 등의 매체에서 공시 정보를 검색하기만 해도) 필요한 정보를 손쉽게 취득할 수 있습니다. 많은 독자 여러분이 DART를 통해 이런 공시 정보를 얻어 투자에 활용할 수 있기를 바랍니다.

전자공시시스템 DART에서 공시 정보 검색하기

① 검색창에 기업명 입력

② 기간 및 공시 종류 설정 후 검색(지분공시, 임원·주요주주 특정증권 등 소유상황보고서 선택)

③ 특정증권 등의 소유상황 검색

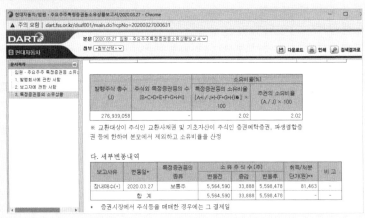

출처: DART, 2021년, http://dart.fss.or.kr

배당 확대 공시 후
주가 반응을 살피자

우리가 사는 세상은 합리적인 것 같으면서도 이곳저곳 의아한 부분이 많습니다. 대표적인 예가 '중고차 시장에서는 출시된 지 1년도 안 된 깨끗한 차도 헐값에 팔린다'는 것이지요. 그러면 왜 자동차의 품질에 따라 가격이 적절하게 책정되지 않고, 중고차 시장의 자동차는 새로운 자동차에 비해 급격히 하락한 헐값 취급을 받을까요?

저명한 경제학자 조지 애컬로프(George Akerlof)는 이에 대해 흥미로운 답을 제시한 바 있습니다. 즉 자동차에 대한 전문 지식이 없는 개인들은 어떤 중고차가 좋거나 또는 나쁜지를 파악할 방법이 없기 때문이라는 것입니다. 고장도 없고 연비도 좋은 자동차를 몰고 다닌 사람 입장에서는 좋은 값에 자동차를 팔고 싶지만, 중고차를 매수하려는 사람은 그런 정보를 믿을 수 없기에 일단 가격을 싸게 후려치는 것이 합리적인 행동입니다. 따라서 사고도 없고 연비도 좋은 자동차를 가지고 있는 사람은 중고차 시장에 자동차를 내놓기보다는 주변 지인에게 자동차를 팔려고 할 것입니다. 그리고 그 지인은 중고차 시장 가격보다 더 높은 가격에 흔쾌히 자동차를 인수하려 들겠지요. 만약 주변 사람에게 나쁜 자동차를 비싼 값에 팔고 그로 인해 당사자가 항의하게 되면, 그는 나쁜 사람이라고 손가락질당할 것이기에 지인에게는 나쁜 자동차를 아예 팔지 않을 것이라는 뜻입니다.

이 상황에서 최대 피해자는 좋은 자동차를 보유하고 있지만, 주변에 차를 구입하려는 의사를 지닌 지인이 많지 않은 사람입니다. 또 다른 피해자는 적정한 값에 좋은 중고차를 구입하려는 사람이겠지요. 그는 상태가 좋은 중고차라면 얼마든지 좋은 가격에 구입할 의사가 있지만, 중고차 시장에서는 상태를 알 수 없는 자동차를 싼 가격에 구입할 수밖에 없으니 말입니다.

그렇다면 중고차 시장의 문제를 해결하기 위한 방법은 없을까요? 가장 쉬운 방법은 최근 몇몇 중고차 중개업소에서 도입하고 있는 품질보증 제도입니다. 예를 들어 차량 구입 후 최소 6개월 이내의 기간에 발생하는 차량의 고장에 대해서는 전액 실비로 보상하거나, 자동차를 다시 판매가격에 구입해주는 것입니다.

그럼 기업이 투자자들에게 '자기 회사가 좋은 회사라는 것'을 알리는데, 이 같은 방법을 이용할 수는 없을까요? 이때 가장 쉽고 효과 좋은 방법이 '배당'을 증액하는 것입니다. 어떤 기업이 시장의 예상을 뛰어넘는 배당을 지급한다는 것은 사업 전망이 매우 밝다는 것을 나타냅니다. 또 경영자들이 현재의 주가 수준이 적정 가치에 비해 낮게 평가되어 있다고 생각하고 있음을 보여주는 것입니다. 시장도 이를 잘 알고 있어서 배당 증가를 공시한 기업들의 주가는 그렇지 않은 기업들에 비해 지속적인 초과수익을 기록합니다. 배당이 증가한 기업은 '배당 공시'를 발표한 후 대개 50일간 5.4%포인트의 초과수익(코스피 대비)을

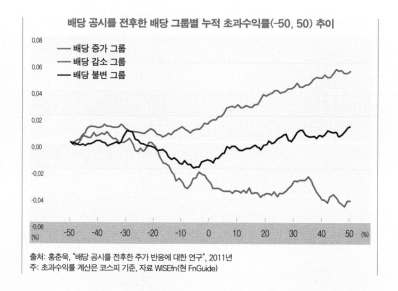

배당 공시를 전후한 배당 그룹별 누적 초과수익률(-50, 50) 추이

—— 배당 증가 그룹
—— 배당 감소 그룹
—— 배당 불변 그룹

출처: 홍춘욱, "배당 공시를 전후한 주가 반응에 대한 연구", 2011년
주: 초과수익률 계산은 코스피 기준, 자료 WISEfn(현 FnGuide)

기록한 반면, 배당 감소를 발표한 기업은 이후 50일간 -4.4%포인트의 초과수익을 기록한 것으로 나타났습니다. 마이너스 초과수익은 코스피에 비해 부진한 성과를 거둔다는 것으로 해석할 수 있습니다.

따라서 중고차 시장의 매수자들이 품질보증을 해주는 중고차에 관심을 기울이듯, 꾸준히 배당을 지급한 기업은 물론 배당을 인상한 기업들에 대해 관심을 가질 필요가 있습니다.

CHAPTER 7

모멘텀 투자와 가치투자,
나의 선택은?

시장 참가자의 절대다수는
모멘텀 투자자

주식시장의 참가자들은 단일한 집단이 아닙니다. 특히 기업의 지배주주와 개인투자자는 주식을 대하는 태도 면에서 하늘과 땅 차이를 보입니다. 이처럼 기업의 내부에 있느냐 또는 외부에 있느냐뿐만 아니라, 주식의 가치를 바라보는 면에서도 시장 참가자들은 극과 극으로 갈립니다. 이 양대 진영을 편의상 '모멘텀 학파(또는 추세 추종 학파)'와 '평균회귀 학파(또는 내재가치 학파)'라고 부르겠습니다.

증시에서 모멘텀(momentum)이란, 가격이 어떤 방향을 정하면 계속 그 방향으로 움직이려는 특성을 뜻합니다. 흔히들 이야기하는 '상한가 따라잡기' 전략이 여기에 속합니다. 반면 평균회귀 (mean reversion)란, 강력한 상승 흐름이 나타났다 하더라도 장기적으로는 결국 평균적인 수준으로 회귀하려는 특성을 의미합니다. 패닉으로 인해 주가가 폭락한 기업을 적극 매수하는 '역발상 투자'가 평균회귀 학파가 선호하는 대표적인 전략입니다.

이 중 모멘텀 학파는 최근 주식시장에서 가장 압도적인 숫자를 자랑하는 세력이라고 할 수 있습니다. 이들의 주장은 다음의 인용구로 요약될 수 있을 듯합니다.

"큰돈을 벌려면 개별적인 등락이 아니라 시장 전체의 추세를 판단해야 한다. (중략) 너무 올랐다는 이유로 못 살 것도 없고, 너무 내렸다는 이유로 못 팔 것도 없다."

이 말을 한 사람은 1929년 대공황 당시의 전설적인 개인투자자 제시 리버모어(Jesse Livermore)입니다. 그는 1877년 미국 뉴잉글랜드에서 가난한 농부의 아들로 태어났지만, 14세 때 보스턴의 한 증권사 시세판 담당자로 일하며 주식투자의 길을 걷기 시작했습니다. 그때는 컴퓨터가 발명되기 전이기에 월스트리트에서 이뤄지는 거래를 전화나 전신을 통해 받아 증권사 지점에 걸려 있는 칠판에 일일이 적었는데, 이를 시세판이라고 부릅니다.

제시 리버모어는 이 일을 시작한 지 1년 뒤 회사에서 받는 급료보다 투자수익이 많아지자 아예 전업 투자자로 변신했습니다.

그는 1907년 샌프란시스코 대지진을 전후한 주가 폭락 국면에 공매도(short selling)함으로써 큰 자산을 쌓은 후, 1929년 대공황 때 주식 매도 공세를 주도하며 '월가의 큰 곰(Wall Street Big Bear)' 이라는 별명을 얻었습니다. 당시 그는 자산을 1억 달러 이상으로 불렸는데, 현재 가치로 따지면 원화로 무려 2조 원에 가까운 금 액입니다. 즉 지금까지 알려진 가장 성공한 개인투자자라고 할 수 있겠습니다.

그러나 1933년 프랭클린 루스벨트(Franklin Roosebelt) 대통령 취임 이후 시작된 강세장에 제대로 대응하지 못하면서 그는 자산 의 대부분을 잃었습니다. 게다가 가정불화와 우울증으로 1940년 63세의 나이에 권총 자살로 생을 마감했습니다. 그의 극적인 생 애가 보여주듯이 모멘텀 전략은 매우 높은 성과를 기대해볼 수 있지만, 대신 그 예측이 빗나갔을 때의 위험도 크다는 것을 알 수 있습니다.

그러면 대체 모멘텀 전략이 무엇일까요? 이는 제시 리버모어가 "강세장인지 약세장인지 이야기하는 것을 주저하지 말라."고 했 듯이, 시장의 추세에 올라타는 투자전략을 총칭한다고 볼 수 있습 니다. 여러 모멘텀 전략 중에서 가장 인기 있는 것은 '지난 1년 동 안의 주가 상위 종목에 투자하는 것'입니다. 즉 상장 종목을 상승 률 순서대로 1등에서 꼴찌까지 늘어놓은 후, 최상위 종목에만 집중적으로 투자하는 것입니다.

한국의 대형 기업(코스피200 종목)을 대상으로 모멘텀 전략을 2000년부터 2016년까지 실행하면, 연평균 수익률이 25.7%에 이릅니다. 같은 기간 코스피200 지수의 성과가 연 9.23%였음을 감안할 때 놀라운 성과가 아닐 수 없습니다. 모멘텀 전략의 성과는 한국에서만 독보적인 것이 아닙니다. 1927년부터 2014년까지 미국 주식을 대상으로 모멘텀 전략을 실행한 결과, 연평균 16.85%의 성과를 기록했습니다. 같은 기간 미국 S&P500 지수가 연 9.95% 상승한 것을 크게 뛰어넘은 기록입니다.

이미 급등한 주식을 따라잡는 단순한 전략이 어떻게 이런 놀라운 성과를 기록하는 것일까요? 이에 대해서는 다음과 같은 세 가지 설명이 제기되고 있습니다.

첫째, 군중심리에 초점을 맞추기 때문입니다. 예를 들어 A라는 기업의 주가가 계속해서 상승할 때 투자자들은 A 기업에 관심이 집중되고, 이 같은 관심은 수급을 개선시켜 다시 주가 상승을 유발한다는 것입니다. 이때 주가의 패턴(즉 기술적 분석)에 집중하는 투자자들의 추가적인 매수를 끌어들일 수도 있습니다. 나아가 주가 상승 덕분에 어떤 기업이 시장의 지배자로 올라서기도 합니다. 대표적인 예가 아마존입니다. 아마존은 주가가 계속 상승하는 가운데 주식시장에서 다양한 방법으로 자금을 조달하고, 이를 지속적으로 투자함으로써 강력한 경쟁자를 누르고 최고의 자리에 올라섰습니다. 아마존 같은 첨단 기술주에 투자한 사람들, 특히 벤처캐피탈은 대단히 끈기가 있습니다. 금방 성과를 내고 또 배당해주기를 바라는 기존 투자자와 달리, 벤처캐피탈은 아마존이 제시하는 거대한 스토리텔링에 매료되어 리테일(retail, 소매) 세계를 지배하겠다는 야망에 동참합니다. 최근에는 미국의 전기차 회사 테슬라도 비슷한 흐름을 타고 있습니다. 즉 회사채시장에서 비싼 금리를 내고 자금을 조달하기보다, 주가 상승 국면에 끊임없이 증자함으로써 대규모 투자에 필요한 자금을 손쉽게 조달하고 있습니다.

둘째, 기업의 정보가 시장 참가자들 전체에게 균등하게 전파되지 않기 때문입니다. 만일 B라는 기업이 매장량이 풍부한 광산 개발에 성공했다면, 이 소식을 가장 먼저 접하는 사람은 내부자들일 것입니다. 지배주주와 최고경영자가 이 기업 주식을 제일 먼저 사들일 것이고, 다음으로 전문가들이 소식을 접하면서 대형 기관이 매수에 나섭니다. 마지막에는 개인투자자들 사이에 'B 기업에 노다지가 터졌다'는 소문이 퍼지며 매수세가 유입되겠지요. 이러한 과정은 점진적으로 이뤄질 것이기에, 상승 추세를 보이는 기업의 주가가 더 오르는 모멘텀 전략의 성과를 높일 수도 있습니다.

모멘텀 투자와 가치투자, 나의 선택은?

셋째, 투자자들의 소극적인 반응에 초점을 맞추기 때문입니다. 어느 기업의 이익이 기업분석가의 예상을 뛰어넘을 때, 주식 가격이 이 호재를 한 번에 다 반영하는 것은 아닙니다. 주식시장은 새로운 정보를 점진적으로 반영하는 경향이 있으니, 호재를 경험한 기업이 계속 주가가 오르는 모습을 보이게 된다는 것입니다. 게다가 투자자들은 급등한 주식을 따라잡는 것을 무서워합니다. 따라서 장기간 기업 이익을 끌어올린 호재가 발생했다 하더라도, 주가가 이를 충분하게 반영하지 못하고 지속적인 상승 흐름을 보일 수도 있습니다.

그 많던 위대한 기업은
다 어디로 갔을까?

앞에서 모멘텀 전략이 왜 그토록 놀라운 성과를 내는지에 대해 알아보았습니다. 그러나 모든 사람이 동의하는 전략이란 없습니다. 모멘텀 전략에 대해서는 특히 '평균회귀 학파'에서 강력한 비판을 제기하곤 합니다. 웨슬리 그레이(Wesley Gray) 등의 저서 《퀀트 모멘텀 투자 기법(Quantitative Momentum)》(에이콘출판, p. 86, 2019년)에는 세계적인 가치투자자 세스 클라만(Seth Klarman)의 모멘텀 투자자에 대한 날카로운 비판이 실려 있습니다. 일부를 인용하면 다음과 같습니다.

모멘텀 투자와 가치투자, 나의 선택은?

투기꾼들은 주가가 다음에 오르거나 내릴 것이라는 믿음에 기초해 주식을 사고판다. 미래의 가격 방향에 대한 그들의 펀더멘털이 아니라 다른 사람들의 행동을 예측하는데 기초하고 있다. 그들은 생각대로 적절히 '행동하면' 주식을 사고, 그렇지 않으면 판다.

많은 투기꾼들은 기술적 분석(과거의 주가 변동)을 참고 자료로 사용해 시장의 방향을 예측하려고 한다. 기술적 분석은 기업가치가 아니라 과거 주가 변동이 미래 주가에 열쇠를 쥐고 있다는 가정에 근거한다. 사실 시장이 어떻게 될지는 아무도 모른다. 이를 예측하려 드는 것은 시간 낭비이며, 예측에 근거한 투기적인 사업이다.

한마디로 추세를 예측하려 노력해봐야 소용없다는 주장입니다. 제시 리버모어의 최후가 보여주듯이, 시장의 추세가 갑자기 바뀔 때는 모멘텀 전략이 큰 어려움을 겪을 수밖에 없다는 것입니다. 대표적인 예가 2020년 3월입니다. 코로나19라는 전염병의 대유행으로 주식시장이 순식간에 무너졌고, 이때 모멘텀 전략을 추종하던 투자자들이 가장 큰 피해를 보았습니다.

그렇지만 이런 상황에서도 모멘텀 투자자들은 위험 관리가 가능하다고 주장합니다. 바로 '손절(loss cut) 매도' 주문을 하면 되기 때문입니다. 손절 매도 주문이란, 직전 최고가 대비 20% 혹은 30% 하락할 때 자동 매도하는 식으로 위험 관리하는 것을 말합니다. 손절 매도는 여러 부류의 투자자들이 활용하지만, 모멘텀 투자자들의 성과를 개선시키는 것으로 알려져 있습니다. 상승 모멘텀이 강하게 형성된 주식이라 하더라도, 어떤 외부 충격으로 추세가 무너졌다 싶을 때는 과감하게 시장을 벗어나야 한다는 것이 손절 매도의 핵심입니다.

모멘텀 학파에 대한 또 다른 비판은 '추세를 파악하는 순간, 그 추세가 사라질 가능성이 높다'는 점입니다. 대표적인 예로 과거 세계적인 베스트셀러였던 《좋은 기업을 넘어 위대한 기업으로 (Good to Great)》를 들 수 있습니다. 이 책의 저자인 짐 콜린스(Jim Collins)는 당시 서킷시티(Circuit City)와 모토로라(Motorola), 패니메이(Fannie Mae) 등의 기업을 '위대한 기업'이라고 칭송했습니다. 그러나 서킷시티는 2000년 정보통신 붐(즉 닷컴버블)이 가라앉은 후에 버티지 못하고 파산했고, 모토로라는 스마트폰 시대에 대응하지 못한 채 쓸쓸히 사라졌습니다. 패니메이는 방만한 대출 정책을 펼치다 2008년 글로벌 금융위기의 원흉이 되었습니다.

이후 짐 콜린스는 자신의 주장을 돌아보면서 《위대한 기업은 다 어디로 갔을까(How the Mighty Fall)》라는 반성문 성격의 책을 출간하며, 다음과 같이 '기업의 흥망성쇠 5단계'를 정리했습니다.

그 몰락의 1단계는 성공으로부터 자만심이 생기는 시기입니다. 말하자면 짐 콜린스 같은 작가나 유력 인사들에 의해 '위대한 기업'으로 칭송받기 시작하는 때라고도 할 수 있습니다. 2단계는 원칙 없이 많은 욕심을 내는 시기입니다. 한때 세계 1위의 휴대전화 제조 회사였던 모토로라가 이리듐 프로젝트에 대대적인 투자를 할 때가 여기에 해당된다고 볼 수 있습니다. 하지만 대대적인 투자와 성장에 대한 집착 속에서 기업의 성장 동력은 이미 서서히 고점을 지나는 시기가 이때입니다. 3단계는 영광의 정점이자 붕괴의 서막이 열리는 시점입니다. 위험과 위기의 가능성을 애써 부인하는 시기라고 할 수 있습니다. 모토로라가 휴대전화 시장에서 지배자로 군림하며 스마트폰 시대의 개막을 애써 무시했던 시기가 여기에 해당됩니다. 4단계는 구원을 찾아 헤매는 시기입니다. 예를 들면 제프리 이멜트(Jeffrey Immelt)가 취임한 이후 제너럴 일렉트릭(GE)이 구조조정을 하던 시기라고 볼 수 있습니다. 잭 웰치(Jack Welch) 시절, 다시 말해 이전의 위대한 경영자가 시작하고 번영을 이룩했던 수많은 사업이 부실화되는 가운데 기업의 핵심 경쟁력을 잃어버리는 등 심각한 위기를 겪는 시기를 말합니다. 한편 이 같은 몰락의 4단계에서 살아난 기업이 있는데, 바로 IBM입니다. 1993년 IBM은 루 거스너(Louis Gerstner, Jr.)를 새로운 최고경영자로 영입하여 점진적인 개혁을 통해 기업의 '강점'을 유지하며 새로운 성장 동력을 발굴하는 데 성공했습니다. 마지막으로, 5단계는 사멸의 시기입니다. 기업이 유명무실해지거나 생명이 끝나는 시기를 말합니다. 모토로라, 서킷시티, 패니메이 등 한때 위대했던 수많은 기업이 이 단계에서 사라졌습니다.

기업의 흥망성쇠 5단계에서 알 수 있듯이, 기업의 세계에서 영원한 것은 없습니다. 위대한 기업이라고 칭송받으며 펀드매니저들에게 '한번 사면 팔 일은 없다'는 평판을 얻을 정도로 주가 상승세가 강했던 기업들이 속절없이 무너지는 것은 '경쟁'과 '방심' 때문입니다. 클레이튼 크리스텐슨 교수가 강조했듯이, 판도를 바꾸는 '파괴적 혁신'이 시작되는 순간 기존 시장의 지배자는 몰락할 가능성이 높아집니다. 또 짐 콜린스 같은 저명한 인사들이 칭송하는 기업의 경영자들은 기분 좋은 도취 상태에 빠지기 쉽기에 방만한 경영을 하는 점도 강자가 무너지는 요인이 된다고 말합니다.

그런 까닭에 어떤 투자자들은 의도적으로 위대한 기업을 회피하기도 합니다. 최근 흥미롭게 읽은 프레더릭 반하버비크(Frederik Vanhaverbeke)의 저서 《초과수익 바이블(Excess Returns)》에는 다음과 같은 글이 실려 있습니다.

(1) 대중매체에 수시로 찬양의 글이 올라오는 기업

(2) '가장 훌륭한 기업' 명단에 오르는 주식: 〈포춘〉의 '가
장 훌륭한 기업' 명단에 오른 주식은 '미국 최악의 혐오
기업' 명단에 오른 주식보다 이듬해 수익률이 현저히 낮
아지는 경향이 있다. 이는 미국 이외의 나라에서도 나타
나는 현상이다.

위 글의 내용을 종합해보면, 직전의 주가 상승기(혹은 호황기) 동
안 가격이 급등했거나, 최고경영자가 칭송받았던 기업은 투자 대
상으로 적합하지 않다는 것을 알 수 있습니다. 투자자들의 기대
가 너무 높은 수준에 도달했기에, 조그마한 실책에도 주가가 크
게 하락할 수 있기 때문입니다. 그뿐만 아니라 낙관에 취해 실행
한 사업 확장 및 기업 인수합병(M&A)의 대가를 불황의 시기에 치
를 가능성이 높기 때문입니다.

워런 버핏도 투자원칙을
지키기는 어렵다

평균회귀 학파는 누구도 예측할 수 없는 주식의 방향에 대한 판단에 의지하기보다 싼 기업에 주목하자고 주장합니다. 주식시장이 인기주에 대한 관심을 잃어버릴 때 저평가된 기업이 제값을 받게 된다는 뜻입니다. 그러나 유명한 투자자와 주식 책들의 저자에 따라 '싼 기업'에 대한 정의는 제각각입니다.

이를테면 데이비드 드레먼(David Dreman)을 비롯한 이른바 역발상 투자자들은 "인간은 본능적으로 인기주를 선호하며 가격을 끌어 올린다. 그러나 장기적으로 인기주와 비인기주 모두 평균으로 돌아오게 되어 있다."라고 주장합니다. 따라서 역발상 투자자들은 시장에서 외면받는 소외주에 투자할 것을 권합니다. 즉 주가수익비율(PER)이나 순자산 대비 주가비율(PBR, 주가순자산비율)이 매우 낮은 기업에 투자함으로써 얼마든지 성과를 낼 수 있다고 주장합니다.

반면에 기업의 '내재가치'에 비해 싼 주식을 찾는 투자자들은 다른 입장을 취합니다. 이들은 기업의 가치는 미래에 벌어들일 이익의 합산이라고 보며, 미래 이익에 비해 현재 주가가 싸게 거래되는 기업은 언젠가 시장이 알아줄 것이라고 주장합니다. 가령 올해 주당 1,000원, 그리고 내년에 주당 2,000원 하는 식으로 꾸준히 이익이 늘어날 잠재력을 보유한 C 기업이 있고, 이 기업의 내재가치가 3만 원이라고 가정해보겠습니다. 여기서 내재가치란, 미래에 벌어들일 이익의 합계입니다. 그러나 시장 참가자들이 가치를 파악할 안목이 부족한 탓에 C 기업의 주가가 1만 원 수준에 형성되어 있다면, 장기적으로 이 기업의 주가는 내재가치 수준인 3만 원으로 회귀하게 될 것이라는 주장입니다.

이 전략을 쉽게 설명하기 위해 강아지와 주인의 비유를 들어보겠습니다. 공원에 산책을 나온 주인이 걸어가는 동안 강아지는 목줄의 범위 내에서 주인 앞으로 뛰어갔다가, 갑자기 뒤로 달려가곤 합니다. 그러나 주인이 집으로 돌아갈 때는 결국 주인과 함께 돌아가지요. 주가도 마찬가지라는 것이 평균회귀 학파의 주장입니다. 일시적으로는 주가가 내재가치와 괴리되는 일이 벌어지지만 강아지가 주인과 함께 집에 돌아가듯, 결국 둘은 함께 만나게 된다는 주장입니다.

그러나 모멘텀 학파와 마찬가지로 평균회귀 학파도 여러 가지 비판을 받고 있습니다. 평균회귀 학파에 대한 비판은 크게 세 가지로 정리됩니다.

첫째, 기업의 '미래 이익' 성장을 어떻게 예측할 수 있느냐는 것입니다. 이익 성장이 안정적인 기업들도 있지만 정보통신 등과 같은 혁신 산업에서는 이런 예측이 대단히 어렵습니다. 아마존은 설립 이후 수십 년에 걸쳐 지속적으로 두 자릿수의 성장을 기록했지만, 2000년에 정보통신 거품이 붕괴된 이후 금방 망할 것이라는 주장이 제기되기도 했습니다. 결국 미래 이익을 예측하는 것은 일종의 주술과도 같아 보입니다. 즉 면밀한 숫자를 기반으로 한 분석이 아닌, '이 기업이 시장을 장악한다면 이익은 이 정도가 될 것이다' 같은 식의 스토리가 되는 셈입니다.

따라서 평균회귀 학파에 속하는 투자자들은 '기술주'에 대한 투자를 선호하지 않습니다. 이런 부류에 속하는 가장 대표적인 투자자가 바로 워런 버핏이지요. 그는 정보통신 산업의 대표 기업에 투자하지 않는 것으로도 유명합니다. 2017년 버크셔 해서웨이(Berkshire Hathaway) 연례 주주총회에서 "우리는 기술주에 대한 경쟁 우위가 없다고 생각했으므로 기술주를 피했다."고 이야기한 바 있습니다. 하지만 최근에 버핏은 자신의 투자원칙을 깨고 애플에 투자함으로써 큰 성과를 내고 있습니다. 최근 공개된 운용 상황 보고서에 따르면, 전체 자산의 40% 이상을 애플에 투자했을 정도입니다.

평균회귀 학파에 대한 두 번째 비판은, 기업이 '주주 중시 경영'을 하지 않으면 영원히 평균회귀가 나타나지 않을 수 있다는 것입니다. 기업이 아무리 돈을 잘 벌어도 배당을 안 주고, 게다가 기업의 이익을 자신의 호주머니로 빼돌리는 기업을 저평가된 기업이라고 투자했다가는 큰 낭패를 볼 수 있다는 것이지요. 이에 대한 평균회귀 학파 투자자들의 대응은 유능하고 신뢰할 수 있는 경영자를 보유한 기업에 주목하는 것입니다. 워런 버핏은 자신이 선호하는 기업의 특성에 대해 명쾌하게 언급한 바 있는데, 리처드 코너스와 공저한 버핏의 저서 《워런 버핏 바이블》에 실린 관련 내용을 일부 인용하면 다음과 같습니다.

"찰리와 내가 찾는 기업은 (a) 우리가 그 사업을 이해하고, (b) 장기 경제성이 좋으며, (c) 경영진이 유능하고 믿을 수 있고, (d) 인수 가격이 합리적인 기업입니다.
우리는 회사를 통째로 인수하고자 하며, 경영진이 우리

동업자가 될 때는 지분 80% 이상을 인수하려고 합니다. 그러나 위대한 기업의 경영권을 인수할 수 없을 때는 주식시장에서 위대한 기업의 지분을 소량 사들이는 것으로도 만족합니다. 모조 다이아몬드를 통째로 소유하는 것보다는, 최상급 다이아몬드의 일부를 소유하는 편이 낫기 때문입니다."

그러나 워런 버핏의 투자원칙에도 한계는 있습니다. 왜냐하면 회사의 최고경영자를 일반 투자자가 만날 기회도 없고, 언론 등을 대상으로 인터뷰한 내용도 신뢰하기 어려운 경우가 많기 때문입니다. 또 금융 범죄를 저질러 언론 보도에 등장하는 경영자들의 모습을 보면, 인상이나 말투만으로는 그가 큰 범죄를 주도면밀하게 준비했을 것이라고 상상하기 어렵습니다.

평균회귀 학파에 대한 마지막 비판은 '주식시장이 상상 이상으로 오랜 기간 버블이나 패닉 상태가 지속될 수 있다'는 것입니다. 위대한 경제학자 존 메이너드 케인스(John Maynard Keynes)는 "주식시장에 투자하는 것은 미인대회에서 누가 우승할 것인가를 맞추는 것과 같다."라고 주장한 바 있습니다.

이때 케인스가 말하는 미인대회는 소수의 심사위원들이 당선자를 결정하는 식의 미인대회가 아닙니다. 즉 당시 영국 신문에서 유행하던 미인 고르기 대회로, 100명의 여성들의 사진을 놓고 그중에서 가장 미인인 6명의 여성을 독자들이 선정하게 한 다음, 가장 높은 득표를 한 6명의 여성을 맞추는 독자에게 상금을 주는 대회였습니다. 케인스의 주장에 따르면, 이 대회에서 독자 개인이 우승하려면 자기가 예쁘다고 생각하는 후보들을 택해서는 안 되고, 심사에 응모한 사람들이 평균적으로 예쁘다고 생각하는 후보를 택해야 합니다. 그러나 대회의 응모자들이 모두 이 점을 고려한다면, 결국 '평균 의견'이 무엇인지 아무도 알 수 없게 될 것입니다.

이러한 사례로써 케인스가 지적하려 했던 것은, 다른 시장과 달리 주식시장에서는 미래에 대한 기대가 결정적인 역할을 한다는 것입니다. 극단적인 예를 들자면, 주식시장의 모든 참여자들이 주가가 오를 것이라고 기대한다면, 상장기업들의 경영 상태와는 관계없이 주가가 오를 수 있다는 이야기입니다. 케인스의 이 지적은 평균회귀 학파의 투자자들에게 매우 뼈아픈 것입니다. 시장이 생각보다 오랜 기간 펀더멘털과 상관없이 움직일 수 있다는 것은 분명한 사실입니다. 이에 대한 평균회귀 학파의 대안은 '장기투자'일 것입니다. 충분히 오랜 기간 동안 주식시장에 참여한다면, 결국 저평가된 내재가치 우량 기업의 주가가 제값을 받게 될 것이라는 뜻입니다.

주식시장의 양대 학파에 대한 설명을 읽으면서, 자신에게 어떤 전략이 더 적합한지 생각해보는 독자들이 많을 것 같습니다. 참고로 저는 젊을 때는 모멘텀 학파에 속했지만, 나이 든 후부터는 평균회귀 학파에 귀의하게 되었습니다. 2020년 3월처럼 시장이 패닉에 빠질 때 삼성전자(005930)나 현대차(005380) 같은 기업부터 제일 먼저 매수한 것을 보면 말입니다.

투자 성향이 왜 바뀌었을까 생각해보면, 투자에 대한 지식이 늘어난 면도 있지만 나이가 들면서 점점 위험 선호도가 달라진 것이 제일 큰 이유인 것 같습니다. 젊을 때는 투자금이 적다 보니 손실이 나도 금방 저축으로 메울 수 있다고 생각했고, 미래에 대해서도 어느 정도 낙관적으로 생각하는 경향이 있었기 때문입니다. 반대로 40대에 접어든 후에는 '종잣돈을 잃어버리면 큰일 난다'는 생각이 머리에 가득하기에, 어딘가 의지하려는 생각이 커지는 것 같습니다. 즉 기업의 내재가치나 평균적인 주가수익비율 레벨(수준) 등을 꼭 확인하고 투자하려는 경향이 점점 커지는 것입니다.

다음에 이어지는 MONEY TALK를 읽어보면 알 수 있듯이, 모멘텀 전략이나 평균회귀 전략 모두 한국 주식시장에서 효과적이었음을 발견할 수 있습니다. 물론 두 가지 전략이 항상 성과가 좋았다는 것은 아닙니다. 2000년대에는 평균회귀 전략이 더 우세했고, 2010년대에는 모멘텀 전략이 상대적으로 더 우세했습니

모멘텀 투자와 가치투자, 나의 선택은?

다. 시기별로 우세한 전략이 왜 달랐는지는 정확히 알 수 없습니다. 다양한 요인이 특정 투자전략의 성패에 영향을 미치기 때문입니다. 증시의 이런 특성에 대해 관심이 있는 독자들은 제가 번역한 저서인 《순환장세의 주도주를 잡아라(Style Investing)》를 추천합니다. 이 책을 보면 주식시장에서 왜 주도적인 전략이 달라지는지 이해하는 데 도움이 됩니다.

7장을 정리하자면, 시장 참가자들은 시장의 추세에 주목하는 '모멘텀 학파'와 기업의 가치에 집중하는 '평균회귀 학파'로 나뉘는 것을 알 수 있습니다. 이처럼 시장에 서로 다른 철학과 관점을 가지고 있는 사람들이 존재하기에 주식이 '거래'된다고 볼 수 있습니다. 하지만 정보통신 거품이 붕괴했던 2000년이나 금융위기가 닥쳤던 2008년처럼 시장 참가자가 만장일치에 도달하면 주식시장은 더 이상 주식을 사줄 사람을 찾지 못한 채 무너질 수 있다는 것을 기억해야 합니다.

마지막 8장에서는 저의 재테크 분투기를 기록했습니다. 금융업계에 몸담고, 이코노미스트 생활을 한 저에게도 과거 젊은 시절 재테크를 할 때는 참으로 어설펐던 기억이 납니다. 저의 재테크 경험이 어떤 과정을 거쳐 현재와 같은 투자전략을 확립할 수 있었는지 참고하면 독자 여러분의 투자계획을 설계하는 데 도움이 되리라 생각합니다.

MONEY TALK

모멘텀 전략이
한국에도 유효할까?

　일반적으로 '모멘텀'이라는 용어는 운동량이나 가속도를 의미합니다. 그렇지만 투자 세계에서는 추세에 주목하는 전략을 의미합니다. 예를 들어 실적이 가파르게 증가하는 기업에 대해서는 '실적 모멘텀이 지속되고 있다'고 이야기합니다. 이 같은 실적 모멘텀 못지않게 '가격 모멘텀'도 중요합니다. 가격 모멘텀 전략이란, '달리는 말에 올라타라'는 증시 격언을 그대로 실전에 적용한 것을 의미합니다.

　이러한 모멘텀 전략이 한국에서도 통용되는지 확인하기 위해 2001년 초부터 코스피200 지수 구성 종목을 대상으로, 지난 12개월 동안의 주가 상승률 순서대로 1분위(상위 20%)부터 5분위(하위 20%)까지 분류했습니다. 그리고 이 종목(각 40개)에 동일 비중으로 투자하며, 매월 말에는 다시 주식 수익률 기준으로 5개 그룹을 나눠 새롭게 반복 투자했습니다.

모멘텀 투자와 가치투자, 나의 선택은?

모멘텀 최상위(1분위)부터 최하위(5분위) 종목에 반복 투자한 성과

— 1분위
— 2분위
— 3분위
--- 4분위
--- 5분위

출처: 홍춘욱, "모멘텀 전략, 한국에도 유효한가", 2016년

　그 결과는 위 그래프에서 볼 수 있듯이, 모멘텀이 가장 강한 그룹(1분위)이 2001년부터 2016년 6월까지 3,374.7%의 성과를 기록한 것을 알 수 있습니다. 반면에 모멘텀이 가장 약한 그룹(5분위)은 89.5%의 성과를 기록하는 데 그친 것으로 나타났습니다. 같은 기간 동안 코스피 지수 성과가 392.05%였으니, 시장의 상승을 거의 따라잡지 못한 셈입니다.

　따라서 한국에서도 모멘텀 전략은 꽤 높은 성과를 보이는 것으로 판단되며, 이 전략을 어떻게 흔들리지 않고 지속적으로 추진하느냐가 중요한 관건이라고 생각합니다.

MONEY TALK

워런 버핏 따라
투자해볼까?

금융시장의 참가자들에게 워런 버핏은 그야말로 '신적인 존재'에 가깝습니다. 1960년대 이후 지금껏 그는 지속적으로 놀라운 투자 성과를 기록했기 때문입니다. 게다가 매년 열리는 버크셔 해서웨이 주주총회에서 '투자의 현인'이라는 별명에 걸맞게 투자에 도움이 되는 이야기를 아낌없이 풀어주니 말입니다.

그렇다 보니 수많은 투자자들이 워런 버핏의 성과를 복제하기 위해 노력해왔습니다. 최근 예일대학교의 교수들이 쓴 흥미로운 논문 "버핏의 알파(Buffett's Alpha)" 덕분에 그의 성공 요인의 일부를 파악할 수 있었습니다. 버핏의 포트폴리오를 상세하게 분석한 세 명의 학자들은 다음과 같은 그래프를 제시했습니다(242쪽 그림 참조). 제일 아래 검은색 선은 주식시장(버핏과 동일하게 1.7배를 차입해 투자한 경우의 S&P500)의 성과를 보여줍니다. 바로 위의 갈색 선은 버핏의 실제 포트폴리오 성과입니다. 제일 위의 회색 선은 버핏

모멘텀 투자와 가치투자, 나의 선택은?

스타일을 그대로 복제한 포트폴리오의 성과입니다. 한눈에도 세 가지 선 중에서 회색 선이 가장 성과가 뛰어난 것을 알 수 있습니다.

이 논문에서 '버핏 스타일'이란 원금의 1.7배를 차입하고, 다음의 세 가지 원칙을 고수하는 것입니다. 즉 '싼 주식(PBR이 낮은 기업)을 대상으로 투자하되, 위험한 주식은 피하며, 변동성이 작은 주식을 선택하는 것'입니다. 물론 버핏은 여기에 자신의 독자적인 분석 기법을 도입했겠지만, 예일대학교의 교수들에 따르면 이 원칙을 지킨 것만으로도, 버핏의 실제 투자 성과보다 더 나은 결과를 거두었다고 합니다.

그렇다면 버핏 스타일 포트폴리오가 원조인 워런 버핏의 성과를 뛰어넘은 이유는 무엇일까요? 이에 대해서는 한 가지 유력한 설명이 있습니다. 그것은 바로 버핏이 경영하는 회사인 버크셔 해서웨이의 운용 규모가 너무 거대해졌기 때문입니다. 아무리 매력적인 투자 대상 기업이 나타나더라도 운용 규모가 큰

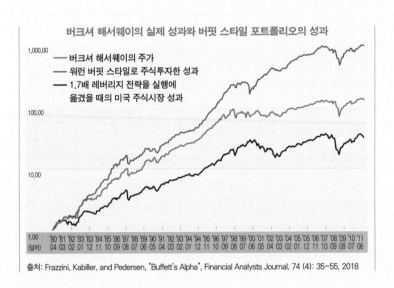

버크셔 해서웨이의 실제 성과와 버핏 스타일 포트폴리오의 성과

버크셔 해서웨이의 주가
워런 버핏 스타일로 주식투자한 성과
1.7배 레버리지 전략을 실행에 옮겼을 때의 미국 주식시장 성과

출처: Frazzini, Kabiller, and Pedersen, "Buffett's Alpha", Financial Analysts Journal, 74 (4): 35~55, 2018

경우는 그 기업에 대한 투자가 어려워집니다. 실제로 버핏은 크래프트하인즈 (The Kraft Heinz, KHC) 합병 당시 과도한 돈을 지불했다며 투자 실수를 인정했습니다.

요약하자면, 개인투자자 입장에서는 버핏 스타일의 투자가 꽤 매력적이라고 볼 수 있습니다. 참고로 최재원 애널리스트가 공저한 《주식, 나는 대가처럼 투자한다》에서도 버핏 스타일 전략을 한국에 적용한 성과를 살펴볼 수 있습니다. 저자가 한국의 대표적인 기업(코스피200 지수 편입 종목)을 대상으로 2002년부터 2020년까지 모의투자 실험을 해본 결과, 연 9.93%의 성과를 기록한 것으로 나타났습니다. 반면 같은 기간 코스피200 지수의 성과는 6.32%에 불과했습니다.

이와 같은 사례가 보여주듯이, 한국에서도 워런 버핏의 투자원칙을 활용함으로써 '내재가치 학파'의 투자가 조금은 더 쉬워지지 않을까 기대해봅니다.

모멘텀 투자와 가치투자, 나의 선택은?

CHAPTER 8

홍쌤의
재테크 분투기

20대,
무작정 주식에 뛰어들어
실패를 반복하던 주린이

20대 초반, 저는 운 좋게 국책 연구소의 리서치 어시스턴트(RA)로 취직했습니다. 그리고 곧 주식투자의 세계에 빠져들었지요. 투자 초보자로서 얼마나 미숙했던지, 특히 투자 타이밍 측면에서는 최악에 가까웠습니다. 투자를 시작하자마자 역사에 남을 사건·사고가 끊이지 않았던 것도 제 투자 실적에 큰 영향을 끼쳤습니다. 당장 기억나는 사례만 꼽더라도 1993년 금융실명제 실시, 1995년 대통령 비자금 사건, 그리고 1996년 반도체 쇼크 등이 있었습니다. 반도체 쇼크란, 미국의 증권회사 애널리스트가 반도체 시장의 공급 과잉 위험을 경고한 데 이어, 한 해 동안 반도체

DRAM 가격이 무려 51% 폭락한 사건을 말합니다.

무시무시하고도 충격적인 사건이 발생하던 시절, 제가 주식투자에 나섰던 이유는 한 권의 책 때문이었습니다. 바로《주식시장 흐름 읽는 법(相場サイクルの見分け方)》이라는 책입니다. 저는 이 책에 큰 감명을 받았고, 이후 '주식시장의 방향을 예측할 수 있다'는 자신감을 갖게 되었지요. 이 책의 저자인 우라가미 구니오(浦上邦雄)는 주식시장의 흐름을 기업 실적과 금리라는 양대 지표를 이용해 분석했습니다. 그리고 증시의 움직임을 '주식시장의 4계절'이라고 비유하여 구분한 것으로 매우 유명합니다. 이를테면 금리가 하락했지만 아직 기업 실적은 개선되지 않은 금융장세는 봄으로, 금리가 상승하는 가운데 경기가 좋아지고 실적도 개선되는 실적장세는 여름, 금리의 상승이 가팔라지며 좋은 실적에도 불구하고 주가가 하락하는 역금융장세는 가을, 금리가 하락세로 돌아섰지만 기업 실적이 꺾이는 역실적장세는 겨울로 주식시장을 구분한 것이 상당히 인상적이었습니다.

그러나 이 책 한 권만 읽고 주식투자를 시작한다는 것이 얼마나 위험한 일이겠습니까? 이런 행동을 잘 설명하는 이론이 바로 '더닝-크루거 효과(Dunning-Kruger effect)'입니다. 더닝-크루거 효과란, 능력에 미달한 사람이 자신의 능력을 과대평가하고, 스스로 많은 지식을 알고 있다고 판단하는 것을 뜻합니다. 사실 주식시장이야말로 더닝-크루거 효과가 치명적으로 작용하는 대표적인 곳이지요.

예컨대 오늘 삼성전자를 주당 8만 원에 매수했다고 가정할 때, 반대편 거래 상대자가 워런 버핏일 수 있기 때문입니다. 주식시장은 무제한 체급 격투기가 매일같이 벌어지는 정글이라는 것을 잊어서는 안 됩니다. 투자에 대한 지식이 없고, 정보력과 자제력이 부족한 투자자들은 맛있는 먹잇감이 될 가능성이 대단히 높습니다. 당시 2~3년의 연구원 생활로 얻은 경제 지식과 책 한 권 읽으며 공부한 주식시장의 국면 예측 이론을 근거로 주식시장에 뛰어들었으니, 처참한 성과가 이미 예정되어 있었던 셈입니다.

더욱이 문제가 된 것은 돈을 빌려 투자했다는 점입니다. 당시 은행에 대한 규제가 풀리는 가운데 평화은행이나 동남은행 등 수많은 은행이 새롭게 영업을 시작했고, 그 과정에서 매우 공격적인 영업 전략을 펼쳤습니다. 2002년 카드 사태를 이르게 한 만큼은 아니지만, 직장인이 마이너스통장을 만드는 것은 이전보다 훨씬 쉬워졌지요. 또 마이너스통장을 개설하기가 어려운 경우 친구들끼리 서로 보증을 서면 금방 대출이 이루어졌습니다.

지금 생각해보면 끔찍한 일이 아닐 수 없습니다. 돈을 빌려 투자하는 것이 위험한 이유는 일시적인 주식 가격의 조정에도 버틸 수 없기 때문입니다. 예를 들어 1,000만 원의 주식을 담보로

4,000만 원을 대출 받았다고 가정해보겠습니다. 만약 강세장이어서 제가 투자한 종목의 주가가 20% 오르면, 수익률은 100%가 됩니다. 5,000만 원으로 투자금이 불어났기에, 주가가 20% 상승하면 투자금이 6,000만 원으로 불어나기 때문입니다. 즉 투자 원금은 1,000만 원인데 수익도 1,000만 원이 되는 것이지요. 그러나 주가가 한번 빠지면 나락으로 떨어집니다. 투자 원금 1,000만 원에 4,000만 원을 대출 받았으니 총 5,000만 원을 투자하는 중인데, 만일 주가가 20% 빠진다면 그 순간 투자 원금이 허공으로 사라질 것입니다.

이런 상황을 금융기관도 잘 알고 있기에, 주가가 급락한 날 저녁에 "고객님이 추가적인 증거금을 넣지 않으면, 내일 아침에 반대 매매하겠다"는 전화가 옵니다. 이것을 '마진콜(margin call)'이라고 합니다. 그런데 주식투자 자금이 부족해서 돈을 빌렸는데, 무슨 방법으로 추가적인 돈을 입금할 수 있겠습니까? 결국 주식시장의 개장과 함께 '시장가 주문'으로 모든 주식이 매도되고, 금융기관은 대출금을 회수해 갈 것입니다. 시장가 주문이란, 어떤 가격대를 지정하는 것이 아니라 현재 사겠다는 의지를 가진 매수자에게 바로 팔아버리는 거래를 뜻합니다. 돈을 빌려 투자한 사람들이 증시 폭락 국면에 어떤 고통을 겪는지에 대해서는 2008년 글로벌 금융위기를 다룬 영화 〈마진콜〉에 잘 표현되어 있으니 참고해도 좋을 것 같습니다.

　결국 처참한 실패로 끝난 20대의 주식투자로 인해 저는 큰 트라우마를 가지게 되었습니다. 빨리 부자가 되고픈 마음에 불나방처럼 주식시장에 뛰어들었다 큰 손실을 보았기 때문입니다. 그로인해 다시는 주식에 투자하지 않고, 또 돈을 빌려 투자하지 않겠노라고 다짐했습니다.

30대,
드디어 내 집 마련에 성공하다

서른 살이 넘어 장가간 후, 많은 사람들의 꿈이 그렇듯 저 역시 재테크의 최대 목표는 '내 집 마련'이었습니다. 그러나 2002년을 고비로 시작된 강력한 부동산 가격의 상승으로 내 집 장만의 꿈은 멀어지는 듯 보이며 답답한 나날을 보내고 있었습니다. 1997년 외환위기 이후 주택 가격이 폭락한 데다, 1990년 이후 일본의 부동산 가격이 폭락한 것을 경제연구원 생활하면서 누구보다 가깝게 지켜보았기에 주택을 구입한다는 것 자체도 무서웠습니다.

그런 가운데 대출금리가 사상 최저 수준으로 떨어지고, 전세 살던 집의 가격이 연일 상승하는 것을 보면서 주택을 구입해야

겠다고 마음먹었습니다. 당시 경제연구소에서 증권사 애널리스트로 전직하면서 예전보다 연봉이 오른 데다, 정부의 부동산대출 관련 규제도 강하지는 않았기에 다행히 주택을 구입할 수 있었습니다. 물론 서울에 집을 구한 것은 아니고, 1기 신도시의 소형 아파트를 구입했습니다. 3억 원이 채 안 되는 가격이었는데 필요 자금 대부분을 대출로 조달했으니, 그때까지의 재테크가 얼마나 형편없었는지 짐작할 수 있을 것입니다.

그럼에도 불구하고 당시 주택을 구입한 것은 정말 잘한 선택이었습니다. 부동산시장의 호황 국면에 늦지 않게 올라탄 덕분에, 입지가 그리 좋지 않았음에도 불구하고 큰 폭의 가격 상승을 누릴 수 있었기 때문입니다. 특히 신도시의 집값이 급등했을 때, 이 아파트를 처분하고 서울 마포 지역의 '나 홀로 아파트'로 갈아탄 것은 돌이켜보면 신의 한 수였습니다. 신도시에서 직장이 있던 여의도로 출퇴근하기가 너무 힘들어 서울의 아파트를 보러 다녔는데, 당시에도 여의도 지역의 집값은 너무 비쌌습니다. 그래서 직장이 있는 여의도와 가까운 곳을 찾다 보니, 마포로 이사하게 되었습니다. 당시는 경의중앙선이 지하화되지 않았기에, 마포가 지금처럼 선호되는 입지가 아니었습니다.

당시 저희 부부는 끊임없이 어떤 지역에 투자할 것인지를 두고 대화를 나누었습니다. 그러다 아내가 "신도시보다 마포 아파트

가격이 싼 것은 이상하지 않아?"라고 말해준 것이 투자 결정을 내리는 계기가 되었습니다. 또 신도시에서 여의도까지 출근할 때 30킬로미터 이상을 운전하며 기름값으로 매월 수십만 원을 지출하고 있었기 때문에, 서울 아파트를 구입하는 것이 지출 관리 측면에서도 충분히 이익이라는 생각이 들었습니다.

이렇듯 30대에 경험한 두 번에 걸친 아파트 매매 덕분에 부동산시장, 특히 교통망에 관심을 가지게 되었습니다. 어떤 지역이 앞으로 발전할 것인지, 그리고 우리나라가 일본처럼 부동산 가격 폭락 사태가 벌어지지 않은 이유는 무엇인지 등에 대한 고민을 해보면서 점점 특정 자산에 대한 편견이 사라졌습니다. 30대에 실행한 부동산 투자, 그리고 경제구조에 대한 고민은 40대에 이르러 투자에 대한 생각의 변화를 가져왔습니다.

40대,
환율 스위칭 전략에 눈뜨다

2007년에 몸담고 있던 증권사를 떠나 모 은행의 딜링룸 이코노미스트로 고용되어 직장을 옮기면서, 다시 주식투자를 시작했습니다. 물론 당시 주식에 대규모 투자를 한 것은 아닙니다. 예전 직장에서 받았던 '우리사주' 정도를 제외하고는 주식을 거의 보유하지 않고 있었으니까요.

그런데 2008년 글로벌 금융위기를 겪으면서 한 가지 사실을 깨우쳤습니다. 한국이 재정적인 위기에 대단히 취약한 나라이며, 금융위기가 발생할 때는 환율이 급등할 가능성이 높다는 사실입니다. 리먼브라더스(Lehman Brothers)의 파산과 뒤이은 연쇄적인 금융기관의 몰락 속에 달러에 대한 원화 환율이 한때 1,500원까지 상승한 것이 대표적인 예입니다. 이 사태를 목격하면서 개인들도 해외투자가 필요하다는 결론을 내렸습니다.

특히 기억에 남는 일은 2008년 9월 리먼브라더스 파산 당일에 주식을 매수한 것입니다. 금융위기를 겪는 중인데도 회사에서 보너스가 지급된 덕분에 여유 현금을 보유하고 있었던 것도 운이 좋았습니다. 이때 성장성을 갖춘 우량 기업 중에 주가 하락 폭이 가장 큰 종목 5개를 골라서 투자했습니다. 삼성전자와 한진중공업 등 실적에 비해 주가가 폭락했다고 생각되는 기업들에 투자했는데, 한 종목을 제외하고는 2009년에 시작된 주가 반등 과정에서 꽤 짭짤한 성과를 냈습니다. 그렇지만 한국 주식에 장기간 투자할 생각이 없었기에, 수익이 나는 종목부터 차례대로 차익을 실현해서 달러예금에 투입하기 시작했습니다. 2008년 같은 금융위기가 언제 또다시 올지 모른다는 생각을 가지고 있었던 데다, 2009년부터 시작된 주식 가격의 상승이 너무 가파르게 진행되는데 겁을 먹었던 듯합니다.

이렇게 투자하면서 종잣돈을 불려 나가던 중 국민연금으로 직장을 옮기면서 '달러화' 중심의 투자가 더욱 강화되었습니다. 국민연금의 운용매니저들은 국내 주식에 투자하는 것이 엄격하게 규제를 받고 있었기에, 국내 주식에 투자할 방법이 없었던 이유도 컸습니다. 은행을 그만두면서 퇴직금을 모두 외화예금에 넣은 후, 투자 타이밍을 기다리던 중 절호의 기회가 찾아왔습니다. 2015년 말, 국제유가 폭락 사태와 중국 위안화에 대한 '환투기 공격' 영향으로 금융시장이 혼란에 빠진 것입니다. 이때 환투기 공격이란, 중국 위안화의 가치가 앞으로 하락할 것을 예상한 투자자들이 외환시장에서 위안화를 공매도한 것을 의미합니다. 당시 3조 달러가 넘는 어마어마한 외환보유고를 가진 중국 정부가 몇몇 헤지펀드의 공격에 굴복할 가능성은 매우 낮아 보였습니다. 그러나 헤지펀드의 선정적인 언론 플레이와 중국 외환보유고의 급격한 감소 충격으로 인해 달러에 대한 원화 환율이 1,300원까지 상승했습니다.

때마침 저는 국민연금을 퇴사하고 여의도의 증권사로 직장을 옮기던 중이었기에, '환율 스위칭' 전략을 실행하기에 용이했습니다. 퇴직금과 그동안 모아둔 외화예금, 그리고 어느 정도 대출을 보태어 서대문구의 신축 아파트를 구입하는 데에는 그리 많은 시간이 걸리지 않았습니다. 이때 주식을 매입하지 않고 아파트를 매입했던 것은 주식 가격이 생각보다 크게 빠지지 않았기 때문입니다. 정부의 저금리 정책과 중국 관광객의 대규모 유입으로 내수경기가 괜찮았던 것도 그런 투자를 가능하게 한 배경으로 작용했을 것입니다. 반면 주택시장은 장기간에 걸친 불황으로 신음하고 있었습니다. 강남 지역 부동산은 2006년, 그리고 수도권 부동산 가격은 2008년을 고비로 하락 중이었기에 '하우스푸어'라는 말이 유행하던 때였습니다.

당시 부동산을 매입했던 이유는 두 가지 때문이었습니다. 첫 번째는 외화예금으로 저축하던 것을 원화로 환전해 투자하기로 결심했기에 꼭 주식이 아니어도 괜찮다고 생각했습니다. 두 번째 이유는 그동안의 부동산시장 공부를 통해 2016년 초반의 가격대에서 추가적으로 하락할 가능성은 낮다는 판단이 섰기 때문입니다. 집값이 싼 데다 시중금리마저 크게 내려, 월세나 반전세로 사는 사람들이 대출 받아 집을 사는 것이 훨씬 이익이 되는 시절이었으니까요. 물론 이런 말들은 지난 다음에야 할 수 있는 이야기이고, 당시에는 밤잠을 설칠 정도로 힘든 시간을 보내기도 했습니다.

그렇지만 국민연금에서 근무하던 시절보다 새로 옮긴 직장의 연봉이 더 높다는 것이 위안이 되었습니다. 아파트 가격이 빠지더라도 저축으로 열심히 메울 수 있을 것이라고 생각하며 애써 위안하던 일이 엊그제처럼 떠오릅니다. 하지만 이 아파트 덕분에 2019년에 드디어 직장을 그만두고 '은퇴 라이프'를 즐길 수 있게 되었습니다. 지금 생각하면 왜 그렇게 고민했을까 싶지만, 하락장의 그늘이 그만큼 길었기 때문이 아닌가 생각합니다.

참고로, 앞에서 언급했던 '환율 스위칭 전략'을 간단하게 정리하면 다음과 같습니다.

1. 종잣돈은 달러 자산에 운용(외화예금, 한국에 상장된 달러 자산 ETF 등)
2. 달러 자산으로 운용하다가 2015년이나 2020년처럼 금융시장이 패닉에 빠질 때 환전해, 가장 값싸게 거래되는 자산을 저가 매수
3. 자산 가격이 반등하면 처분해 다시 달러 자산으로 운용

이러한 투자전략은 두 가지 장점이 있습니다. 첫 번째는 달러 자산이라는 '안전자산'으로 종잣돈을 모으기에 손실을 볼 위험이 극히 낮다는 것입니다. 종잣돈을 빨리 모을 생각으로 주식에 전액 투자했다가 뜻밖의 손실을 입고 저축 자체를 포기했던 경험을 가진 사람이 저뿐만은 아닐 것이라 생각합니다.

두 번째 장점은 '레버리지 효과'를 누릴 수 있다는 것입니다. 2015년이나 2020년처럼 환율이 급등할 때가 국내 자산이 폭락하는 시기입니다. 따라서 달러 자산을 가지고 있는 투자자는 환율 상승에 따른 차익을 누리는 한편, 폭락한 국내의 원화 자산을 매입할 수 있다는 장점을 누릴 수 있습니다.

50대,
'국민연금 스타일'의
자산배분 전략을 활용하다

앞에서 살펴본 환율 스위칭 전략은 2030세대에게는 적합하지만, 4050세대나 그 이상 연령대에 권하기는 어렵습니다. 가장 큰 문제는 환율이 급등했을 때, 달러를 원화로 바꿔 주식이나 부동산 등의 자산에 '올인' 하는 것입니다. 지난 2016년에 제가 아파트를 살 용기를 낼 수 있었던 이유가 지속적인 근로소득에 대한 자신감에 있었던 것처럼, 현금 소득이 꾸준하게 유입될 때는 환율 스위칭 전략이 괜찮습니다. 그러나 자녀 교육 등으로 지출이 늘어나고, 근로소득이 줄어들 때는 환율 스위칭 전략을 시행하는 것이 큰 부담이 됩니다.

제 경우 2019년에 증권사를 그만둔 후부터는 다음과 같은 '국민연금 스타일'의 자산배분 전략을 활용하고 있습니다.

1. 여유 자산, 특히 은퇴 자금은 5 대 5로 국내 주식과 해외 채권에 분산투자(주로 미국 국채 상장지수펀드)
2. 2020년 3월, 주가 폭락 및 환율 급등의 영향으로 국내 주식과 해외 채권의 비중이 3 대 7로 변동
3. 환차익과 채권 가격 상승으로 거둔 차액만큼 매도해 국내 주식을 매수함으로써, 다시 5 대 5로 비중을 조절
4. 2020년 말, 국내 주식 가격이 두 배 상승하여 국내 주식과 해외 채권 비중이 7 대 3으로 변화
5. 국내 주식을 2만큼 매도하여 미국 국채를 매수해 5 대 5로 비중 조절(전체 운용 규모는 10에서 15로 증가)

여기서 국민연금 스타일이란, 국민연금과 똑같이 투자한다는 뜻이 아니라 국내외 자산에 적절하게 배분하고, 또 시의적절하게 '리밸런싱(rebalancing)'한다는 뜻입니다. 이와 같은 식으로 꾸준히 목표 자산 비중을 맞춰주는 것이지요. 제 사례에서도 알 수 있듯이, 리밸런싱하면 수익률이 개선되는 것은 물론 보유 자산의 가치가 일거에 줄어들 위험을 회피할 수 있습니다. 즉 주식과 반대

방향으로 움직이는 자산(달러 국채)을 보유함으로써 2020년 3월과 같은 폭락 국면에서도 손실이 억제되는 데다, 리밸런싱 과정에서 값이 많이 상승한 자산을 매도하고 값이 하락한 자산을 매입하는 지속적인 '저가 매수'를 진행하기 때문입니다.

앞에서도 살펴보았듯이, 2020년 3월 주가 폭락 국면에서 주식을 매입할 때 가장 관심을 기울인 정보는 '대주주 매수'에 대한 것이었습니다. 주가가 폭락할 때 대주주가 직접 지분을 사들이거나, 자녀에게 증여하는 것은 대단히 긍정적인 신호입니다. 기업의 사정을 가장 잘 아는 내부자 입장에서 볼 때 '이 회사가 싸다'라고 판단했음을 대내외적으로 알리는 행동으로 볼 수 있기 때문입니다.

저는 투자 과정에서 리밸런싱할 때 주식을 매입했지만, 꼭 주식만 매입할 필요는 없습니다. 다양한 상장지수펀드가 있으므로 자신의 선호에 맞는 상품에 투자하는 것도 좋은 방법입니다. 저는 한국에 상장된 미국 국채 선물(예컨대 TIGER 미국채 10년선물, 305080)에 즐겨 투자하는데, 이름에만 '선물'이 들어가 있을 뿐 위험도가 매우 낮은 편에 속하는 상품입니다. 미국 국채 가격의 변동을 상당히 잘 추적하는 상품이므로 관심을 가지고 보면 좋을 것 같습니다.

MONEY TALK

금융시장이 패닉에 빠졌을 때는 '리밸런싱'으로 대응하자

2020년 3월이나, 2008년 9월처럼 주식시장이 갑자기 붕괴될 때는 선뜻 저평가된 자산을 매입하기가 힘듭니다. 이럴 때는 리밸런싱으로 대응하는 것이 매우 바람직합니다. 예를 들어 한국 주식과 미국 채권에 5 대 5로 분산투자하는 경우를 생각해보겠습니다. 이때 1,000만 원을 미국 채권과 한국 주식에 투자해 놓았는데, 이것을 투자한 채로 그대로 '놔두는 것(Buy and Hold)'도 한 가지 전략입니다. 그러나 한국 주식과 미국 국채는 변화의 방향이 반대이기에, 금융시장에 변화가 생겨 5 대 5의 비중이 크게 비틀어지는 경우, 이를 원래대로 다시 비중을 맞춰야 합니다. 이것이 바로 '리밸런싱'입니다.

지난 2020년의 상황을 떠올리며 리밸런싱 과정을 설명해보겠습니다. 그해 연초에 1,000만 원을 한국 주식에 500만 원, 미국 국채에 500만 원 투자했다고 해봅시다. 그런데 3월에 주가가 50% 폭락하고 환율(및 채권 가격)이 30%

2020년 3월 주가 폭락 국면에서의 자산배분 현황

2020년 초: 투자금 1,000만 원

한국 주식 500만 원

 미국 국채 500만 원

경제위기 발생!
한국 주가 - 50%
미국 국채 +30%

2020년 3월 말: 투자금 900만 원

한국 주식 250만 원

 미국 국채 650만 원

2020년 3월 리밸런싱 이후의 자산배분 현황

2020년 3월 말 리밸런싱: 투자금 900만 원

한국 주식 **450만 원**
(200만 원 매수)

 미국 국채 **450만 원**
(200만 원 매도)

경기 반등!
한국 주가 +50%
미국 국채 - 10%

2020년 말: 투자금 1,080만 원

한국 주식 **675만 원**

 미국 국채 **405만 원**

상승했다고 가정해봅시다. 그러면 투자 원금은 900만 원으로 줄게 됩니다. 주식에 올인 했다면 투자 원금이 500만 원이 되었을 텐데, 자산배분 덕분에 900만 원으로 하락 폭을 줄인 것입니다. 그러나 여기서 멈추면 안 됩니다. 리밸런싱을 해야 합니다.

원래 자산배분 비율대로 미국 국채와 한국 주식의 비중을 5 대 5로 맞춰야합니다. 이를 위해 미국 국채를 200만 원에 팔아서, 이것으로 다시 한국 주식을 매입하는 것입니다. 그 결과는 두 번째 도표와 같습니다(264쪽 하단 그림 참조). 리밸런싱함으로써 안정적인 성과를 거둔 것입니다. 2020년 3월의 주가 폭락 과정에서도 손실이 -10%에 그쳤을 뿐만 아니라, 리밸런싱 이후 큰 성과를 내서 결국 연 수익률은 +8%로 마감했습니다.

이 예에서 알 수 있듯이, 돈이 많고 적은 것이 중요한 게 아니라 자신의 '투자원칙'을 가지는 것이 핵심입니다. 가격의 변화 방향이 다른 자산에 투자했다면 리밸런싱을 연 1회 정도 하는 것이 좋습니다. 물론 이런 전략을 실행하는 것은 매우 어렵습니다. 그렇기에 돈의 역사라든가, 투자에 존재하는 위험, 붐-버스트 사이클(boom-bust cycle, 호황과 불황의 사이클, 즉 경기순환), 주식투자를 대하는 태도, 환율 등에 대한 공부가 더더욱 필요하지 않을까 생각합니다.

MONEY TALK

똑똑한 '자동 자산배분 펀드'의
개발을 기대하며

현재 저는 예전에 보유하고 있던 서대문구의 아파트는 큰아들의 분가를 계기로 팔고, 직장(세종사이버대학교) 근처로 이사했습니다. 집에 큰돈을 묻어두기보다는 매각 차액을 투자하는 것이 더 낫겠다고 생각했기 때문이지요. 또 직장인 학교까지 산책 삼아 걸어 다니면 건강도 챙길 수 있다는 점을 고려했습니다. 둘째 아들이 성장함에 따라 아마 수년 내에는 이 집도 적절한 때 처분하고, 공원 가까운 한적한 곳으로 옮길지도 모르겠습니다.

젊은 시절 한창 직장생활을 할 때는 '직주근접(직장과 주거지가 가까운 것)'이 아주 좋은 선택이라고 생각했는데, 나이가 들고 점점 사람 만나는 일이 줄어들면서 산책하기 편하고 조용한 곳에서 사는 것을 더 선호하게 되었습니다. 물론 핵심 지역에서 외곽으로 이주하면서 발생한 차익을 자산배분으로써 안정적인 성과를 낼 수 있었기에 가능한 선택일 것입니다.

한 가지 바람이 있다면, '자산배분을 자동으로 해주는 펀드'가 신속하게 출시되는 것입니다. 국내외 주식과 채권에 적절하게 분산하고, 또 비중이 흐트러지면 점진적으로 리밸런싱해주는 펀드가 출시되어, 일일이 귀찮게 주문을 넣지 않아도 되었으면 좋겠습니다. 저 역시 평범한 개인이다 보니, 2020년 3월처럼 주가가 폭락할 때는 리밸런싱하는 데에 많은 심리적인 어려움이 있기 때문입니다. 폭등하는 미국 달러채권을 일부 매도해서 급락 중인 한국 주식을 사면서 '이게 정말 잘하는 일인가' 반문한 적이 한두 번이 아니었습니다.

자산배분 펀드의 활성화는 저 같은 50대나 그 이상의 연령대만 좋은 것이 아닙니다. 이런 종류의 펀드 규모가 커지면 커질수록 주식시장에 자동 안정화 기능성이 커집니다. 이를테면 주식 가격이 빠지면 주식 매수로 대응하고, 반대로 주식 가격이 급등하면 주식 매도가 늘어나 시장의 흔들림이 그만큼 줄어들 것이기 때문입니다. 물론 이런 경우 능력이 있는 투자자들은 개별 종목에 대해 매매하면 될 것이고, 리서치 능력을 가진 운용사들은 자신의 지식을 활용해 공격적인 펀드를 운용하면 되겠지요.

모쪼록 많은 독자 여러분이 이 책을 통해 투자 과정에서 시행착오를 줄이고, 자산을 형성하는 데 도움이 되었으면 하는 마음이 간절합니다.

참고문헌

CHAPTER 1. 돈 벌고 싶다면 돈 공부가 먼저다

- "강남 아파트 10억대 회복 잇달아", 매일경제, 2000.2.1
- "통계청장 경질 논란 부른 가계동향조사, 뭐가 문제됐나", 한겨레신문, 2018.8.30
- 김낙년, "한국의 부의 불평등, 2000~2013: 상속세 자료에 의한 접근", 낙성대경제 연구소 Working Paper, 2015.10
- "서울 아파트값 이젠 '평균 10억'", 한국경제, 2020.9.28
- 타라 파커포프(Tara Parker-Pope), 홍지수 옮김,《연애와 결혼의 과학》, p. 21, 민음 사, 2012
- 마리나 애드셰이드(Marina Adshade), 김정희 옮김,《달러와 섹스》, p. 211, 생각 의힘, 2013
- "남편 월소득 1,000만 원이면 이혼 위험 거의 없어", 서울신문, 2014.3.19
- 박진영,《나, 지금 이대로 괜찮은 사람》, p. 201, 호우, 2018
- 박진영,《눈치 보는 나, 착각하는 너》, p. 262, 시공사, 2013

- 서은국,《행복의 기원》, p. 133~134, 21세기북스, 2014
- "[김민수의 세상 읽기 ⑥] 이스털린의 역설(Easterlin paradox)", 한국교육신문, 2019.7.31

CHAPTER 2. 투자의 시대, 돈 좀 굴려봅시다

- "[통계로 살펴본] 2020년 법원경매 결산 & 2021년 전망", 지지옥션, 2020.12.21
- "[통계로 살펴본] 2019년 법원경매 결산 & 2020년 전망", 지지옥션, 2019.12.20
- "과거 낙찰가율을 주목하라", 한국일보, 2014.6.17
- 박성식,《공간의 가치》, p. 96~97, 유룩출판, 2015
- "서울 아파트도 경매 낙찰가율 '뚝'", 매일경제, 2019.4.19
- "[정충진의 경매 따라잡기] 낙찰가 80% 대출, 소액으로도 투자 가능", 동아일보, 2020.4.17
- 워런 버핏(Warren Buffett), 리처드 코너스(Richard Connors), 이건 옮김,《워런 버핏 바이블(Warren Buffett On Business)》, p. 592~593, 에프엔미디어, 2017
- 공동주택관리정보시스템, http://www.k-apt.go.kr/cmmn/kaptworkintro.do
- "2년 뒤 서울 아파트 입주 물량, 올해 3분의 1토막", 서울경제, 2020.11.24
- 통계청, 한국은행, 금융감독원, "2020년 가계금융복지조사 결과", 2020.12
- 김희선, "2014년 부동산시장 결산 및 2015년 부동산시장 전망", 한국감정원 부동산연구원, 2014
- 엔리코 모레티(Enrico Moretti), 송철복 옮김,《직업의 지리학(The New Geography of Jobs)》, p. 25, 김영사, 2014

- "SK하이닉스 '용인 반도체 클러스터' 사업 시행 초읽기, 道 산단 심의 통과", 이데 일리, 2021.1.12

- 장영재, 《경영학 콘서트》, p. 264, 비즈니스북스, 2010

- "글로벌 車업계 반도체 부족에 잇단 감산, 국내 업체도 '주시'", 한국경제신문, 2020.1.22

- 홍춘욱, 《7대 이슈로 보는 돈의 역사 2》, p. 176~177, 로크미디어, 2020

- "옐런, 암호화폐 리스크 폭발 경고, '오남용 맞서 싸울 것'", 연합인포맥스, 2021.2.11

CHAPTER 3. 한국 주식 살까, 말까?

- "메모리 부진에 삼성전자, 지난해 영업익 27조 '반 토막'", 조선비즈, 2020.1.30

- Seeking Alpha, "Dividend Yields Around The World", 2019.12.25, https://seekingalpha.com

- 기업집단포털, https://www.egroup.go.kr/egps/wi/mainPage.do

- "韓 배당소득세 46.4%인데, 美는 23.8% 홍콩은 '제로'", 매일경제, 2019.2.26

- 브라이언 버로(Briyan Burrough), 존 헬리어(John Helyar), 이경식 옮김, 《문 앞의 야만인들(Barbarians at the Gate: The Fall of RJR Nabisco)》, p. 66, 부키, 2020

- "KCGI, 대한항공의 아시아나 인수 추진에 '유감, 법적 대응'", 동아일보, 2020.11.16

CHAPTER 4. 불황의 시대 최선의 생존 해법

- "2020년 3월 중 거주자 외화예금 동향", 한국은행, 2020.4.20

- 홍춘욱,《환율의 미래》, p. 19, 에이지21, 2016

- Bloomberg, "South Korea Leads World in Innovation as U.S. Exits Top Ten", 2021.2.3

- KOTRA 편,《국가정보 그리스》, 코트라(KOTRA), 2018

- 슐로머 메이틀(Shlomo Maital), 이용숙 옮김,《CEO 경제학》, p. 254~256, 거름, 2001

- 대외경제정책연구원, "'중국제조 2025' 추진 배경과 중점 분야", 2015

- KDI, "2030년 3대 원전수출 강국으로-'원자력 수출산업화 전략' 추진", 나라경제, 2020년 2월호

- "칭화유니 '웨스턴디지털 투자계획 철회', 美규제당국 견제에 후퇴", 조선비즈, 2016.2.24

- "中 반도체 칭화유니그룹 또 디폴트, '정부 지원 어려워' 전망", 한국경제, 2020.12.10

- 클레이튼 크리스텐슨(Clayton Christensen), 마이클 레이너(Michael Raynor), 로리 맥도널드(Rory McDonald), "파괴적 혁신이란 무엇인가", 하버드 비즈니스 리뷰, 2015년 12월호, https://www.hbrkorea.com

- 클레이튼 크리스텐슨(Clayton Christensen), 노부호 옮김,《성공 기업의 딜레마 (The Innovator's DNA)》, p. 64~65, 모색, 1999

- 한국과학기술기획평가원, "와해성 기술혁신의 현황 진단 및 정책적 지원방안", 2007

- 유노가미 다카시(湯之上隆), 임재덕 옮김,《일본 반도체 패전(日本 半導體 敗戰)》,

p. 50, 성안당, 2011

- "삼성전자, 세계 최초 AI 프로세서 탑재 메모리 반도체 개발 성공", 조선비즈, 2021.2.17

- "현대·기아차, 세계 전기차 시장에서 4위권, 1위는 테슬라", 뉴시스, 2020.11.23

- 이필상, 《아시아 투자의 미래》, p. 215~217, 미래에셋은퇴연구소, 2018

- KOTRA 해외시장뉴스, "중국 자동차산업 정보", 2020.7, https://news.kotra. or.kr/kotranews/index.do

- "韓 구매력 기준 1인당 GDP 일본 추월한 의미는", 연합인포맥스, 2020.3.3

- "경기 지표로 본 코로나 경제위기 3대 키워드, 청년실업·마이너스 생산·디플레", 조선비즈, 2021.1.31

- 한국은행, "2018년 산업연관표 작성 결과", 2020.6.24

- David H. Autor, Lawrence F. Katz, Melissa S. Kearney, "The Polarization of the U.S. Labor Market", AEA Papers and Proceedings, 2006.5

- 통계청, "2019년 국제인구이동 통계", 2020.7.16

- 고용노동부, "사업체 특성별 임금분포 현황", 2020.6

- "현대차·LG 이어 SK도 공채 폐지, 신입사원 100% 수시채용", 조선일보, 2021.1.26

- NATIONAL SCIENCE BOARD SCIENCE & ENGINEERING INDICATORS, "The State of U.S. Science and Engineering 2020", 2020.1

- World Intellectual Property Organization(WIPO), "THE TOP 100 SCIENCE AND TECHNOLOGY CLUSTERS", 2020

- St. Louis Fed, "What Does China's Rise in Patents Mean? A Look at Quality vs. Quantity", 2018

CHAPTER 5. 경제위기를 미리 알 수 있는 신호

- "예측 불가 유동성 증시", 동아일보, 2020.6.5
- "中 치킨게임에 밀린 OCI, 국내 폴리실리콘 생산 중단", 조선비즈, 2020.2.11
- LG경제연구소, "신용카드사 유동성 위기의 교훈", LG주간경제, 2003.4.30
- 참여연대, "무분별한 신용카드 발급은 그만, '스톱 카드' 캠페인-신용불량자 양산하는 신용카드 발급 남발에 제동을 걸다", 참여연대 빛나는 활동 100, 1994~2014

CHAPTER 6. 잃지 않는 투자를 위한 매수 타이밍

- Bloomberg, "What the Dow's 28% Crash Tells Us About the Economy", 2020.3.19
- "후·숨·오휘, LG생건 '럭셔리라인'이 일냈다", 매일경제, 2020.1.29
- "Elon Musk: Up all night, at times depressed, taking the blame for Tesla production delays", CNBC, 2017.11.2
- "Secrets and agents", The Economist, 2016.7.23

CHAPTER 7. 모멘텀 투자와 가치투자, 나의 선택은?

- 게리 안토나치(Gary Antonacci), 서태준, 강환국 옮김, 《듀얼 모멘텀 투자전략 (Dual Momentum Investing)》, p. 43, 에프엔미디어, 2018
- 홍춘욱, "'모멘텀' 전략, 한국에도 유효한가", 2016
- 웨슬리 그레이(Wesley R. Gray), 잭 보겔(Jack R. Vogel), 이병욱 옮김, 《퀀트 모

멘텀 투자 기법(Quantitative Momentum)》, p. 86, 에이콘출판, 2019

- 버턴 말킬(Burton G. Malkiel), 박세연 옮김, 《랜덤워크 투자수업(A Random Walk Down Wall Street)》, p. 149(e-book), 골든어페어, 2020

- 스콧 갤러웨이(Scott Galloway), 이경식 옮김, 《플랫폼 제국의 미래(The Four: The Hidden DNA of Amazon, Apple, Facebook, and Google)》, p. 59(e-book), 비즈니스북스, 2018

- "테슬라, 3개월 만에 또 유상증자 발표, '5조 원 규모'", 조선비즈, 2020.12.9

- 프레더릭 반하버비크(Frederik Vanhaverbeke), 이건, 서태준 옮김, 《초과수익 바이블(Excess Returns)》, p. 89~90, 에프엔미디어, 2017

- 데이비드 드레먼(David Dreman), 신가을 옮김, 《데이비드 드레먼의 역발상 투자(Contrarian Investment Strategies)》, p. 385~387, 이레미디어, 2017

- 워런 버핏, 리처드 코너스, 이건 옮김, 《워런 버핏 바이블》, p. 45, 88, 에프엔미디어, 2017

- "주식시장과 미인대회", 한국일보, 1999.7.15

- Frazzini, Kabiller, and Pedersen, "Buffett's Alpha", Financial Analysts Journal, 74 (4): 35~55, 2018

- 강영연, 최재원, 《주식, 나는 대가처럼 투자한다》, p. 23, 한국경제신문사(한경비피), 2020

CHAPTER 8. 홍쌤의 재테크 분투기

- "더닝 크루거 효과: 무식하면 용감하다", 정신의학신문, 2020.1.22

돈의 역사는 되풀이된다

2021년 6월 16일 초판 1쇄
2024년 6월 1일 초판 16쇄

지은이 · 홍춘욱
펴낸이 · 박영미
펴낸곳 · 포르체

출판신고 · 2020년 7월 20일 제2020-000103호
전화 · 02-6083-0128 | 팩스 · 02-6008-0126
이메일 · porchetogo@gmail.com

ⓒ 홍춘욱(저작권자와 맺은 특약에 따라 검인을 생략합니다)
ISBN 979-11-91393-16-3 03320

여러분의 소중한 원고를 보내주세요. porchetogo@gmail.com